古代天皇家と『日本書紀』１３００年の秘密

応神天皇と「日十大王」の隠された正体

仲島 岳

はじめに

「異説」が定説を覆す

石渡信一郎による古代史学――この金字塔的な古代史理論がはじめて一般書として出版されたのは、もうゆうに二十数年以上も前のことである。『応神陵の被葬者はだれか』（三一書房1990年）というタイトルで刊行されたこの書籍は、世の古代史ファンたちに大きな衝撃を与えることとなった。そこでは、文字どおり「応神陵」（誉田山古墳　大阪府羽曳野市）の驚くべき「被葬者」が特定され、日本古代史の中核が衝かれていたのである。

同じく石渡が展開した理論の一つ――「**聖徳太子はいなかった**」説――は、今では「太子不在説」としてすっかり市民権を得るところまで来ている。教科書の全面書き換えにまでは至らぬものの、今や聖徳太子は「厩戸皇子」の色合いが強められており、いくらか虚構的な存在であり十七条憲法も太子の手ではなかったかもしれぬなどという話が日本じゅうの古代史ファンに知れ渡ったと言えるだろう。なによりも学界における一線級の文献史学者（大山誠一ら）が太子不在説を展開する一〇年以上も前に、石渡信一郎は自著でその可能性を明らかにしていたというのだから、この間の事情を知らぬ一般読者にとっては驚きであるだろう。これは端的に「異説」と思われるものが「定説」や「通説」をひっくり返した一例であって、石渡の鋭い認識力、洞察力を明示しているのだ。

とかく守旧的な古代史学界において、この太子論にかぎらぬが石渡の理論が正式に取り上げられるということはなかなかなかった。しかし聡い読者というのは世の中にはいるもので、古代史本としては異例の売れ行きを示し、その後も石渡は続々と「新刊」を世に刊行しつづけていって、今日に至っている。その分、石渡書籍は翻訳され、ドキュメンタリー番組が韓国で製作放映されて好評も得た。

石渡理論のその衝撃的な内容は、「異説」も異説というふうに一見みえる。しかし最新学説をフォローし、科学的な知見（考古学データや分子遺伝学、形質人類学などの自然科学）をきっちり取り入れたそのロジカルな理論展開は、多くの古代史ファンに知の一撃を与えてきた。数々の新発見、洞察がそこにはあるが、なんといっても一番は、先述したように応神陵の「被葬者」である応神天皇の正体を「百済から渡来した百済王子」として明らかにした点であろう。あの天皇陛下によるいわゆる「ゆかり発言」（２００１年）など、まだ遠い先に控えていたバブル時代の出版である。

その百済王子は、蓋鹵《こうろ》王（第二十一代百済王）の弟である昆支（コンキ／欧字表記Gonji）と呼ばれる。――はじめてこれを聞いた読者は、またトンデモない説があらわれたなと内心フンと思う。しかし、いざその論証過程を読み、説明を聞くと、あまりの合理性に息を呑むことになる。実際に、百済から倭へ、倭から百済へと大王や皇子クラスが交流し、「交差」していることも歴史資料からよくわかってくる（私はそれを当時、『日本人の正体』の編集協力をしながら「倭韓交差王朝説」という命名はどうかと言って当該書で展開した）。

昆支自身は461年に来日しているが、倭で生まれまた育った昆支の子どものうちふたりが百済に帰って百済王になっているほどで、倭と百済のある時期の関係は非常に密であった。この「応神天皇＝昆支」説に対する石渡の傍証の冴えがもっとも鮮烈に見られたのが、学界じゅうが難儀を極めていたあの国宝「隅田八幡鏡」に対する解読ぶりであろう。1990年代の半ばになってはじめてこの石渡説に遭遇した筆者も、隅田八幡鏡解読による結論の明快さ、意外さに驚きを禁じえなかった（私自身も歴史研究家として、この到達点に対してさらなる明証を本書で加えるつもりである）。

石渡史学の可能性

石渡によるいくつものシャープな知見や指摘は、当然ながら他の同時代人たちにも波及してきている。

近年では、「石渡本」の担当者を務めていた林順治が『応神＝ヤマトタケルは朝鮮人だった』（河出書房新社）を上梓し、前後して石渡本人の『聖徳太子はいなかった』も河出文庫で上梓された。石渡は「新世紀の古代史」シリーズ（信和書房）として『倭の五王の秘密』を皮切りに過去作の総まとめに入っていった。林による石渡を援護する作品群も彩流社から多く刊行されており、現在も陸続と刊行されて一定ファンをつかみえている（『隅田八幡鏡』『馬子の墓』等々）。

意外なところでは、哲学者の鷲田小彌太が『日本人のための歴史を考える技術』（PHP研究所）という古代史著作を著して石渡理論を全面的に支援していたり、作家の鯨統一郎が《「**聖徳太子が架空の人物であること、蘇我家が大王家であったことはすでに石渡信一郎という研究者が指摘している。**」》というふうに短編『聖徳太子はだれですか？』（『邪馬台国はどこですか』所収　東京創元社）で石渡説を引用したりと、「外野」でも援護射撃がずいぶんと飛び出してきている。

石渡理論の全貌があらわになって、その理論面が更新されてきた分、その様相はたいへん多岐にわたっており、正直、相当に難解なところもある。そのため、一番肝心で「おいしい」部分が十分に一般読者に届いていないのがこれまた実情である。これは正確には、石渡理論自体が難解なのではなく、古代史の基礎知識がない読者にとって、定説・通説との異同や距離感を推し量れぬため、「ネタ」としてつまり情報論的に頭にしみ通ってゆかないということなのだろう。学界で唱えられている通説や考え方とどのような差異や懸隔があり、そこに石渡がどう踏みこんでいるのか、またその理論的な根拠はどの程度厚いのか、などなどを、はっきりと説明する必要があるだろう。

したがって本書の第一義は、石渡史学の入門編プラスα――というテーマとなる。ただ、入門編自体の役目は直系弟子筋の林順治の仕事である程度ははたされている。だから私は勝手な傍系弟子（林順治の弟子という意味では孫弟子）として、正統派の紹介ではなく、石渡自身ですら試みたことのないような幾つかのアプローチで、石渡史学を検討し直し、古代史の現状にツッコみまくろうかと思っているのだ。現在のオーソドックスな学説（定説・通説）との比較も加えながら、わかりやすく石渡理論を掘り下げ、新規な読み替えやダメ押しなども、わが芸のかぎりに披露するつもりである。いわば石渡史学の応用編として、プラスαや拡張・深化をも意識した。とくに情報の交通整理には気を配ったので、古代史の常識を知らない読者にも通読して意味が通りやすいように心がけたつもりだ。

石渡説を除くどんな古代史理論も、倭の五王と大阪平野の巨大古墳の関係や、隅田八幡鏡の謎などをクリアに読み解くことはできなかったと私は信じている。倭の五王の「武」を雄略天皇とイコールにする〝岩盤〟のような「教科書史観」では、考古学的事象とも整合せず、日本の4〜6世紀の歴史的文脈は見て取れないのである。

『日本書紀』(720年)が書かれてから、すでに一三〇〇年になろうとしている。石渡理論を軸にして、いまようやく一三〇〇年間の謎の全体像が解き明かされようとしているのだ。

【目次】 古代天皇家と『日本書紀』1300年の秘密

第1章　倭王朝と入り婿・応神の「新王朝」　51
――男系イホキイリヒコ&ホムダマワカの謎を解く

第3章　皇統譜の秘密

――六〇年倍数のミステリー！『日本書紀』編年構造の解読　147

第4章　後継・継体朝から531年のクーデターへ
――欽明＝ワカタケル大王の登場　191

プロローグ――古代史の新時代！　一三〇〇年の「ヤマト中心史観」をこえて

「歴史記述」の多様性

本書本編に入る前に、自己紹介を兼ね、昨今の古代史をめぐる文脈や遠景について気になることを書いておきたいと思う。

筆者こと仲島自身は、長年、出版社で書籍編集者を務めながら、文芸評論や映画評などに手を染めライティングの仕事を行なってきた。たとえば三島由紀夫論で「群像」新人賞の最終候補になったことがあるが、三島の愛読者だからといって、当然、天皇あるいは天皇制へのスタンスが三島と同じというわけではないし、イデオロギー的に私は中立的な人間である。またカトリックの大学で聖書を学び、肉親の死去に際しては、仏教からカトリックに乗り換えようと思ったことすらあったが思いとどまった（だから宗派は浄土宗のままである）。

よく言えば私は自由な思想・思考の渉猟者であり、個人主義者であり、色のついていない人間である。その中道的な立場（ノンポリ）から、それでも、日本の天皇制の何たるかについては二十代の頃からずっと考えつづけてきた。石渡史学と出会う前には、仕事柄も谷川健一の著作を愛読し、いわゆる「青の民俗学」にはひとわたりふれて影響を受けていた。司馬遼太郎も大江健三郎もともに「国家」と個人を考えつづけた作家として十代から愛読しつづけているし、ユニークな京都学派の梅原猛の歴史著述も面白く読んできた。また当然、付随して柳田国男、折口信夫といった知の巨人たちをも遡行して参観せざるをえず、天皇論や王権論、その他日本古代をめぐる諸論に言及する現代の批評家、哲学者、作家たち――吉本隆明、網野善彦、野口武彦、柄谷行人、上野千鶴子、中沢新一、松浦寿輝などなど――のような「知」や「現代思想」の世界の面々たちの歴史記述とも親しんできた（これは世代的なもの――60年代生まれの「ニューアカ」育ち――の一面も強い）。

そんな私が石渡史学に出会ったのは二十数年ほど前で、そこから古代史学を含む歴史学、考古学の本流にも急カーブで親しむようになっていった。とくに考古学者で文筆家としても優れていた森浩一には「歴史」と向きあう誠実な見方というものを学ばせてもらったし、石渡理論を改めて照らす材料を数多提起してもらった思いがする。

こうした来歴をあえて綴るには理由がある。「歴史」の世界には特有のイデオロギー――昔ながらの言い方をすれば「皇国史観」、今風に言えば「ヤマト中心（主義）史観」――が今もってゾンビのように存在して学界を取り巻いているように思えてならないからである（畿内論者からもその根深さを指摘する声すらある）。学問はあくまで科学的で中庸でなければならない。私自身、自由な学生時代から編集者兼著述家稼業の今日までのあいだ、最大の学恩を感じてきたのは「ユマニスム」（人文主義）の伝統が日本社会には残っていて、学芸の普遍性あるいは雑居性を保証してくれていたことだった。特定の政治的な思想に左右されるのでは、科学や芸術は歪められかねない。考古学においてもありえない捏造事件がかつて起こったものだが、研究者たちの功名心が暴走してしまい、「制度」が自縄自縛に陥ってしまうことすらこの分野では露呈している。特定のバイアス（偏見）やイデオロギー、あるいは「空気」に支配されない論議の場こそが、学問（科学）の世界では肝要なのだ、とくに人文科学においてはである。

古代史と「共同幻想」

とりわけ歴史学、考古学の世界には「起源」や「国家」をめぐる議論がつきものである。人は「起源の問題」や「国家の問題」に対しては――吉本隆明風に言うなら「共同幻想」と「個人幻想」が同致してしまうために――神経質になりがちである。たとえば世界史において相対的にすぎないはずの日本という国家やその起源にわれわれはとかくに特別な幻想を持つ。個人を拡大させれば国家になり、国家を縮小すれば個人になるという意味で、この吉本が把握した幻想領域（とくに共同幻想）に支配される人間像という見方は、実に本質的である。国家のような時空間を有する存在はそれだけ魔物であり、精神的な弱者はすぐに国家のような共同幻想に自己を投影してしまう、それが自身の「つっかえ棒」（谷崎晃）として機能しているということにまったく無自覚にである。歴史とくに古代史を学ぶ者は、こうした共同幻想（と自己幻想）の問題につねに自覚的でなければならないだろう。

今日においてさえも、うっすらとイデオロギーに引っ張られてゆくような「思潮」の流れというものがあると思わざるをえない。たとえば穏健でバランス感覚を備えていた森浩一が２０１４年に亡くなって、考古学の世界では、「反動」が進んでゆくのではないか、と私は懸念を覚える。とくに考古学は文献資料の細部を無視しようとする傾向が強く、「ヤマト中心史観」への揺り戻しがまた進むのではないか、と心配になる。同じように歴史学者の上田正昭も２０１６年に亡くなり、上田が検討した朝鮮半島と倭の具体的な交流のありよう——一つ挙げれば百済経由の「第四の神器」たる「レガリア」こと「大刀契《だいとけい》」の研究にせよ——は学界できちんと継承され、解明が進むのだろうかと考えたりもする。

また、近年盛んに取り上げられる「炭素14年代測定法」「年輪年代法」のような一見「科学的」

と言われる特殊な「方法」によって、古墳の築造年代や弥生時代の開始時期などを「前に前に」と繰り上げる傾向があることにも疑問符がつく。しかも纏向遺跡のような重要な遺跡の「年代」が一気に古く遡上されている事態がどうにも気になるのだ。

おまけに社会的背景としても、日韓関係（最近は日韓朝も）の常態化している悪化に伴って、ネットでは古代史論議とくに朝鮮半島にかかわる話を討議する際、レッテルを貼る行為が横行する。林順治の『応神＝ヤマトタケルは朝鮮人だった』も、ネット上でその題名だけで攻撃された（中身も読まずにである）。こうした今で言うところの「反知性主義」の空気も醸成され加減で、それと対峙することも歴史を語る際には覚悟しなければならないという実情さえある。とかく「右」を向こうという流れができかけている昨今、中庸な立場でわれわれも歴史記述をせねばならぬし、同時に受け手（読み手）たるわれわれも科学的にバイアス抜きに真理追究へと努めなければならない。

私は本書の第1章を執筆しながら、ちょうど石渡信一郎の『新訂　倭の五王の秘密』（信和書房）を読んでいたのだが（2016年刊行）、そのあまりのエネルギーに完全にあてられてしまったことを私はここで正直に告白しておく。これが齢九十歳にもなるという著者が発光させ放射しつづけている古代史への情熱と自在な思考力なのだ。学問的良心を強靭でさわやかな「在野の精神」

とともに発揮しつづけてきている古代史研究の雄・石渡信一郎を、私はとことん研究者として尊敬してきたし、それゆえにこれまでも追走し、言及してきた。その敬意を持って本書を上梓したことを申し伝えておきたい。そしてかなうなら、本書の波及効果で、石渡史学がさらなる世の脚光を浴び、著作の復刊や特集記事が試みられることを願う。ひいては学問的再評価、学術研究などが大いに進捗していってくれるならば、本書執筆の意義としてこの上ないことであると思っている。——そして、実はこう本文を書きゲラも進行していた本年に、氏の訃報を耳にした。享年九十歳、巨星落つの感が強い。謹んでご冥福をお祈りいたします。

最後に、本書の構成をひとわたり語っておく。

序章から第4章までほぼ時系列の展開になっているが、わざわざ「序章」としたのには理由がある。本書の主人公「応神天皇（＝昆支）」は5世紀に生まれた人物であるため、序章で扱ったいわゆる「謎（空白）の4世紀」にはまだ世に存在していない。しかしながら4世紀の激動の東アジア社会と倭（日本）の事情を適宜押さえておくのは必須となる。そのため4〜5世紀の半島と倭の極東アジア情勢を序章としてまとめたというわけである。

第1章では、当時の4〜5世紀の倭王朝（三輪王朝）の血脈と、土木開発事業にちなんだ拠点の問題、そこに「女系」として入った応神の新王朝について語った。

第2章では、石渡がスポットライトをあてた隅田八幡鏡の解読に対して、さらに踏みこんでみた。

第3章では、応神＝昆支説をダメ押しするために「皇統譜」に対して数値的なアプローチで探っている。『日本書紀』の天皇紀の形式は「干支」と呼ばれる数字のシステムで組み上げられており、こうしたアプローチ抜きではもはや『書紀』のトリックや真相には肉薄できないであろう。

第4章では、応神の後継者・継体天皇の時代、さらに次世代の欽明天皇の時代を概説し、6世紀には血脈をめぐる血なまぐさい権力闘争があったことを浮き彫りにした。世は欽明を含む「蘇我王朝」の盛りを迎えるわけだが、本書ではその時代の鼻先までを描き出したつもりである。

※書籍、論文からの引用はあえて厳密を期すために《　》としますが、重要語句や対談・講演などからの引用は「　」としています。またあえて西暦や世紀の数字は目立つように算用数字を用いています。本文敬称略。

序章　「謎の4世紀」を征く崇神の正体

——加耶系渡来勢力によるヤマト王権の成立まで

騎馬民族征服王朝説からリアルな「渡来王朝説」へ

石渡信一郎が構築した歴史理論の肝を、担当編集者であった林順治（歴史作家）は、**「新旧二つの渡来集団」**というキャッチコピーで強調した。

これは古代支配層の「二重構造」を衝いた表現であり、使い勝手のいい概念なので、私もならって用いてみたい。その「新旧二つの渡来集団」のうち、「旧」が「加耶系の渡来集団」で、「新」が「百済系の渡来集団」ということになる。この二段階のうち、第二段目の**百済からの渡来勢力**をめぐる論考が本書のメインテーマであり、その中心人物が百済王子の昆支である。そのため第一段目の渡来勢力の状況――その前には弥生期3世紀の「邪馬台国」の問題も前提として横たわっている――は本書ではメインには扱わない。それでも、時代状況の前後関係は知っておいてもらいたいので、この序章では、4世紀以降の概要にふれておきたいわけだ。

さて、戦後の古代史学界のみならず歴史ファンの心をも興奮で震わせた「戦後最大の学説」として、江上波夫（東洋史学者）の「騎馬民族征服王朝説」がある。列島への「外来文化」の大量の流入ぶりを説明するためには、江上説は実に有効だった。騎馬民族説には分が悪いところも多分にあったが、復権の兆しは最新の考古学資料からも十分見えてきている。石渡説の理論的枠組

みも、リニューアルされた「渡来王朝説」であると言ってよい。江上説では、

①『魏志』によると、3世紀の**三韓（馬韓・弁韓・辰韓）**時代の朝鮮半島では、ツングース系（夫余・馬韓系）騎馬民族の「辰王」が、当時の弁韓、辰韓をあわせた全二四か国のうち、「弁辰」一二か国を支配していた。辰王は在地の王ではなく、外来王だったのもポイント。辰王は世襲的なものだったかもしれない。

②次いで、東アジアに重大な契機が訪れる。313年、かつての大帝国・漢の出先機関（4世紀には西晋の支配下）だった楽浪郡・帯方郡の二郡がそれぞれ高句麗などの攻撃によって滅亡した。このためパワーバランスが崩れ、古代国家が形成されてゆく端緒となる（その後、百済が346年、新羅が356年に建国）。辰王サイドからすると、馬韓（百済）と辰韓（新羅）が弁辰の内外でそれぞれ独立してゆき、おのれの弁韓（弁辰）エリアが周囲に食われ縮小してゆく事態になった（ここまでが一般的な通史で、③からが江上の見立て）。

③辰王は、残された弁韓の小国群を本拠地（「任那加羅」）とする「任那王」として打開策を講じ、外に打って出る。辰王の勢力が海を渡り、倭の筑紫（九州）をめざす道を探った。そうして、辰王やその子孫である外来勢力が、4世紀以後、故地の任那（ミマナ）を本拠としながらも北部九州に進撃し、その地を占領した。これがのちの「（九州への）天孫降臨」神話のモデルであり、

第一回目の日本建国であるとする。辰王もしくは辰王の子孫こそが第十代の**崇神天皇**（ミマキイリヒコイニヱ）に相当するという。江上によると、ミマナから来たミマキイリヒコというネーミングの解説も印象的だった。

④その後、4世紀末から5世紀初めにかけて、この辰王系崇神の後裔・子孫である応神天皇が北部九州から畿内へと遠征し、畿内中枢地まで征服して、応神王朝が成立した。それが大和朝廷の創始であり、第二回目の建国とされる。応神の陵墓である誉田山古墳は中期前方後円墳の代表たる巨大古墳であり、従来の前方後円墳（たとえば奈良県桜井市などにあるもの）とは異なって破格の規模を持ち、大阪平野へ陵墓地がシフトしているのもその証拠とした。

――ここでおさらいをすると、「古墳時代」に築造された古墳として、この「**前方後円墳**」がなによりも有名でシンボリックだが、古墳時代はその時代区分を前期・中期・後期と分けることが一般的である。「前期古墳文化」は、箸墓古墳を含めた纒向古墳群（奈良県桜井市）に代表されるものであり、竪穴式石室が用いられ、副葬品は宝器や祭器が中心で、鏡・剣・玉のような「祭祀的」「東南アジア的」「農耕民族的」なものとして特徴づけられると江上はまとめていた。他方、「後期（中期）古墳文化」は、誉田山古墳（伝応神陵　大阪府羽曳野市）や大仙陵古墳（伝仁徳陵　大阪府堺市）がその代表例で、副葬品には実用的な馬具や武具、あるいは金銅製装身具を伴っており、それを称して、「王侯貴族的」「騎馬民族的」「北方アジア的」という形容をあてている。のちには横穴式石室を用いたものや装飾古墳もあらわれる。

江上に言わせると、この前期古墳文化と中・後期古墳文化は、その出土物において《根本的に異質》であり、《その変化がかなり急激で、そのあいだに自然な推移を認めがたい》という認識を示した（『騎馬民族国家』）。

この学説は「図式」も明瞭でわかりやすさもあり、人びとの圧倒的な関心をも呼び起こし、時代を席捲した。旧来の皇国史観に風穴を開けてゆくようにも見え、さぞや痛快だったのだろう。ただこの説には考古学的事象に《ミッシング・リング》があり、内外各地の遺跡の発掘でそれはやがては閉じられるであろうと江上も期待していたように見受けられる。加耶連合国群のうちの一つである**金官加耶**の遺跡（金海市大成洞古墳群）が発掘され、見事な北方民族系の歴史資料（殉葬や鎧兜、馬具類）が出土すると、当の大成洞古墳群には崇神の陵墓があるかもしれない、というところまで晩年の江上は強気に踏みこんだ発言もしていた。

この十数年やや押され気味であったこの種の渡来王朝説だが、今また「形を変えて」復権している気配を私は触知できるし、この加耶勢力の侵攻（渡来）と征服（定着）という事態は、石渡理論にかぎらず「謎の4世紀」を語る上でもっとも重要な観点である。

「畿内（箸墓）と崇神」という結びつき――石渡による渡来説の読み替え

では石渡信一郎はこの騎馬民族説をどう援用し、自説を組み上げていったのかを検証してみよう。石渡は、上記の③段階までをほぼ肯定的に把握した（ただし、辰王こそが「伯済（のちの百済）」をも建国していったとし、辰王の半島勢力は持続していたと近年では捉え直している）。崇神をこの馬韓系辰王の子孫筋と認識し、半島にいた崇神がその親世代とともに倭に渡来してきたとした。さらに崇神を、「駕洛国」（『三国遺事』）の「首露王」とも同一視し、その本拠を加耶地方南部（洛東江河口部の金海市のあたり）と見た。本書では崇神を首露王と同一視するものの辰王との関連性はあえて棚上げする。

駕洛国は『魏志』東夷伝倭人条では「狗邪韓国」（東夷伝韓条では弁辰狗邪国）と書かれ、のちの金官国（『三国史記』）と等置されるのが定説である。この「狗邪韓国＝金官」を本拠としつつ、崇神の一派（崇神の親世代も含む）が4世紀中葉には倭にも向かっていったとする。だから半島南部にも国を残し、倭国にもその勢力を伸張していったというイメージとなる。そうしてその渡来以後の倭国内での伸張過程をも石渡は合理的にトレース（跡づけ）していった。

第一の独自性は、崇神勢が九州にとどまったのではなくさらに東征（東遷）して吉備地方（岡

3世紀の古代朝鮮半島（『魏志』東夷伝による）

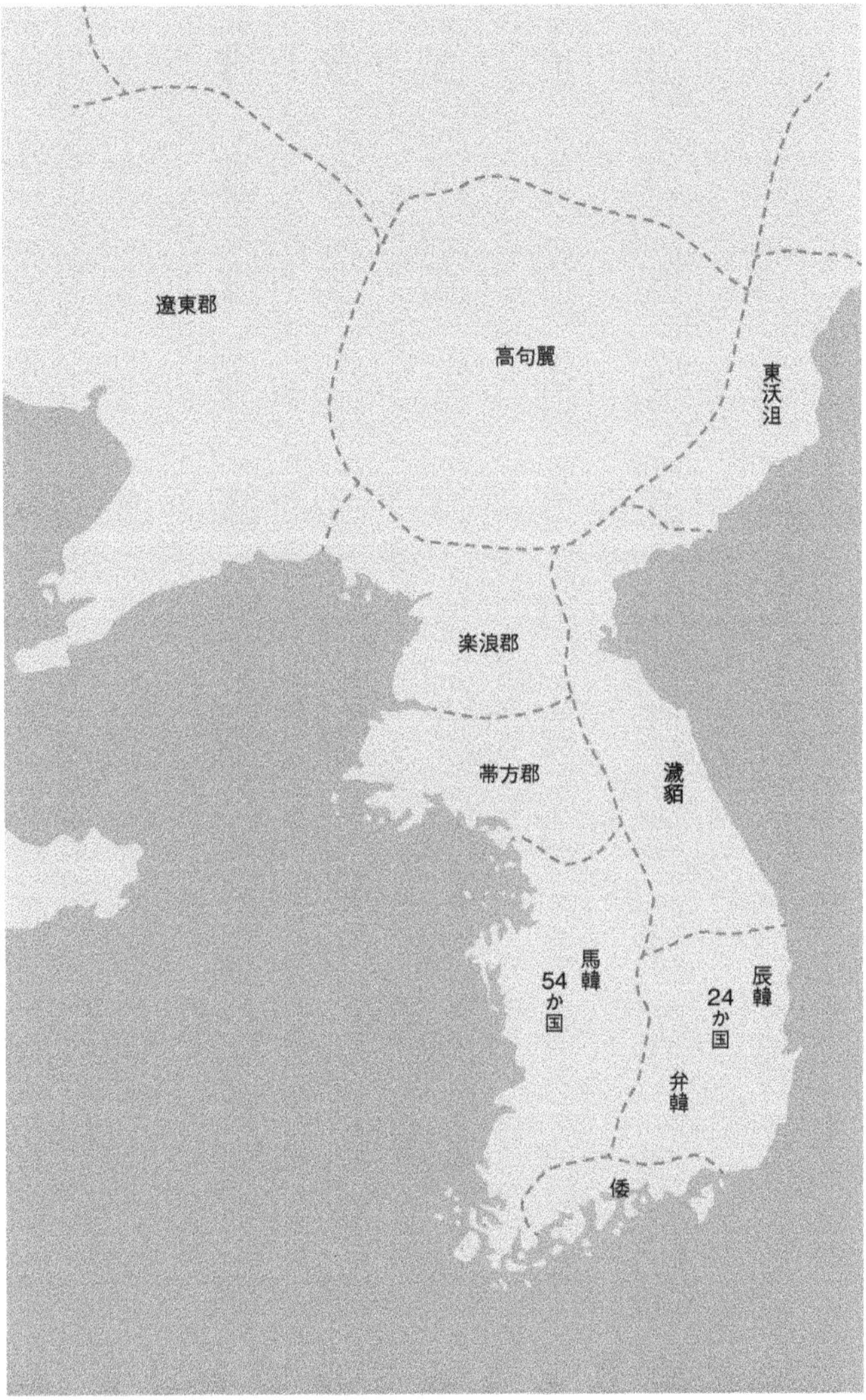

山県）を拠点とし、畿内にまで乗りこんだ——というように、遠征の射程を「**ヤマト**」（奈良県東南部、三輪山西麓）に伸ばしたことである。端的に言えば「畿内（ヤマト）と崇神朝」を結びつけたのである。実際に、奈良盆地東南には箸墓古墳を中心とした纏向古墳群があり、ヤマト地方を崇神王家の中心地（都宮）と見たほうがずっと理にかなっていた。

人類学者の埴原和郎は、古墳時代の渡来者人口を少なくとも一〇〇万人以上と見た上で、《短頭にみられるような同心円状の地方差は、古墳時代以降の渡来者が直接近畿地方に達して、ここに住みついたことを物語っているのではないか》（『（増補）日本人の起源』）とはっきり語っている（傍点引用者）。この短頭というのは上から見て丸に近く半島系由来の体質である（形が上下に長いのが中頭）。

また松岡正剛が、《**任那あたりから崇神らしき大王の一派がやってきたという仮説は、いまなお否定されきってはいない。**》と述べているように（サイト「松岡正剛の千夜千冊」『古代の日本と加耶』）、この「仮説」をまさに生きているのが石渡信一郎の学説である。

半島から畿内へと達するためには、北部九州という第一関門がまずある。加耶から4世紀に渡来した崇神らの勢力は、当時の倭国——女王が都とする「邪馬台国」（「女王国」）がある——と遭遇せざるをえない。だから石渡は邪馬台国九州説を採り、邪馬台国の都＝吉野ヶ里としている。

『魏志』によれば248年の卑弥呼の死後、倭国内は混乱と戦争状態にあったが、卑弥呼の宗女である台与（十三歳）を立てることで、なんとか安定を取り戻した。しかし266年、次世代の新女王・台与による西晋（256年に建国）への遣使以降、この邪馬台国の外的記録はなくなってしまう。その後の邪馬台国は弱体化していっただろうが、『魏志』『晋書』その他に滅亡したとも何も記されていない。

そこで、最新の鉄製武具などを有する渡来勢力は、ピークをとうに過ぎていたこの倭国（邪馬台国）に対して打撃を与え、クニを制圧した。ここで邪馬台国は「滅びた」という言い方をしてもいいわけだが、「新邪馬台国」という概念を石渡はここで有効に残している。この新邪馬台国——政治中枢は加耶勢力が占めていただろう——が以後、東遷（東進）して西日本から畿内へ進出するという絵図を描いているのである。

「東遷」した「主体」は「新興勢力」

従来、森浩一などの「邪馬台国東遷説」という考え方があったわけだが、石渡の考え方はだから「**新邪馬台国東遷説**」と命名されてもよい。渡来勢力によって旧邪馬台国は《特別自治区》（石渡）とされたとしており、加耶勢は旧邪馬台国に北部九州の支配をつづけさせたのだ。たとえば邪馬台国の都＝吉野ヶ里遺跡では、弥生時代終焉期に環濠集落が埋没しており、「前方後方墳」が少なくとも三基以上造営されていることが特筆される。石渡はこの前方後方墳を、旧邪馬台国を支配させた首長たちの墓と見た。

具体的に北部九州の弥生期には副葬品の「三点セット」（鏡・玉・剣）が墳墓（甕棺）からよく出土するのだが、これがこののち4世紀の畿内においても引きつづき同スタイルで出土するのである。となれば、まるで〝北部九州じるし（邪馬台国じるし）〟のようなこの三点セットの副葬は一つの「国のかたち」＝スタイルが継続されたものと解釈しうる。だから「新邪馬台国になった」という概念が実効性を持つのである。またこの弥生終末期には「破砕鏡」と呼ばれる破損された銅鏡が福岡、佐賀に限定されて出ており、次代の庄内式期になると近畿など他の西日本にも破砕鏡分布が拡大されてゆくこと（柳田康雄説）も、新勢力が東進して邪馬台国連合内の神器を破壊していったことの裏づけと見ることができる（石渡『新訂　邪馬台国の都　吉野ヶ里遺跡』）。

一方で、異なった勢力が東進すれば、「国のかたち」が北部九州（4世紀）と畿内（4世紀後半）で異なってくるのも当然である。纏向古墳群の遺跡の多くは「前期古墳」であり、典型的な竪穴式石室や木槨墓（たとえばホケノ山古墳）が用いられているのだが、崇神の母国と見なされる金官加耶でも、実際にこの竪穴式石室（や木槨墓）が盛行していた。すなわち半島東南部の墓制とその技術を伴った勢力が満を持して倭にやってきたという流れを追いやすい。

これを考古学的事象で跡づければ、北部九州では、4世紀のものとして、かまどやオンドル、鉄斧、陶質土器などなど半島由来の遺構・遺物が多数発見されている。それらの遺跡は半島人が居住を進めた跡地そのものだ。当時の倭には加耶のように充実した鉄（製鉄、鍛治）技術や製陶技術はなく、渡来勢力は新しい拠点にこうした新技術の痕跡を残しつつ、在地と交流しながらも、東の本州をさらにめざしていったのだろう。そこには思いのほか戦闘行為は少なかった可能性だってありうる。北部九州に残る地名として可也山《かや》、唐泊《からどまり》などが、吉備も岡山県総社市あたりは「賀夜郡」と呼ばれており、半島からの渡来勢力が足跡を残し、定住していった様子が窺われる。ルート上にカラ・カヤ名が数知れず見つかるのである。

念のため言うなら、この「畿内（ヤマト）と崇神」の関連性については肯定的に評価している研究者は多い。もちろん「邪馬台国畿内説」論者のなかの急進派は、ヤマトの箸墓を「卑弥呼の墓」と直結させることに躍起になっており論外だが、同じ畿内説を採る研究者でも、ヤマト中心史観に異議を唱えるほど篤実な研究者もいる。寺沢薫（桜井市纒向学研究センター所長）は畿内説派（畿内論者）ではあるが、それでも纒向遺跡を《ヤマト王権の最初の都宮が所在した地ではないか》という面でもきちんと特筆しており、崇神、垂仁、景行の三天皇との関連をも示唆している。たしかにヤマトは「邪馬台国の所在地」云々である前に、この崇神王朝の「国のまほろば」に相違ない。

この時代について、直近の正統的な見方（たとえば「岩波講座」）でも、《朝鮮半島南部に深く関わって》いる《新興勢力》がヤマト王権の陵墓の移動（一例で佐紀盾列古墳群への移動）と関係があると示唆していたりもする。石渡説では、そもそも王権を三輪山西麓で開始させたのが加耶系のこの新興勢力にほかならない。このように通説でさえも半島南部とのかかわりが王権内の変容に影響したと考えるぐらいには、この「新興勢力」の力をもう学界がなおざりにできないところまで新時代の研究前線は来ている。

崇神に「外来王」の要素はあるか？——分祀・戦争・「クジ」・「ムル」

それでは崇神自身の事績に「外来王」らしい要素があるだろうか？

第一が、神（建国神＝皇祖神）の問題である。崇神朝では宮中に天照大神《あまてらすおほみかみ》と倭大国魂《やまとのおほくにたま》の二神を祀っていたが、蔓延する疫病を鎮めるため、二神の神威を畏れ、天照大神と倭大国魂（在地の国津神とされる）をそれぞれ分祀した（崇神紀）。もともと、天照大神（アマテラス）以前の「皇祖神」が別におり、アマテラスと似て非なるその日神こそがタカミムスヒであるという説があった（岡正雄らが展開）。近年では溝口睦子がタカミムスヒこそが倭の国家神であったということの説を追究し、北方ユーラシア神話にタカミムスヒ（太陽神）が由来する旨を語っている。驚くべきことにその出自は「朝鮮半島系の神」として言挙げもされているのだ。『アマテラスの誕生』

ではこう書かれている。

タカミムスヒが天孫降臨神話とともに朝鮮半島からやってきた、外来の神である可能性はかなり高いのではないかと考えられてくる。

その意味でもこの崇神紀の分祀記事には、渡来勢力（のちの律令国家の前身）からの国津神（在地勢力）への配慮が感じられる。崇神が外来系ではなく在地系（土着系）ならば、ハナから国津神のみを祀っていればよいはずでこんな挿話はそもそも不要だからだ。

第二に、いわゆる「欠史八代」（第二代綏靖天皇から第九代開化天皇までには事績が乏しく、非実在が疑われる）までの天皇紀には表現されていなかった激しい戦争・謀反の事績が、崇神紀には縷々記述されている点。将軍派遣と戦闘行為（《半分以上首を斬った。屍が溢れた》等）の描写はかなり生なましく、史実性と信憑性に富む。

関連して、崇神までは大陸風の殉葬（生き埋め）の風習があったが、代替わりした次の垂仁朝（第十一代）でそれを「埴輪」に代行させた経緯の記述があること（殉をやめて制度変更した）。殉葬の習俗は、金官国の木槨墓（大成洞古墳　4世紀）にもそれがあることが見逃せない。

第三に、崇神と同一視される首露王（駕洛国）の降臨神話が日本のそれとそっくりである点。

「駕洛国記」によると、亀旨峰《クジボン》の上空から垂れ落ちてきた赤衣には金の箱が包まれており、その箱のなかには金の卵が入っていた。卵が割れて童子となり即位したのが首露王である。ともに天上からの神勅を受けて地上支配のために天降る点で共通している（天孫ニニギは祖母アマテラスの命を受ける）。布にくるまれるという点では、ニニギも真床覆衾《まとこおうふすま》に包まれて降臨する。

しかも亀旨の読み「**クジ**」（あるいは**クシムル**）は、ニニギがアマテラスの「事依さし」を受けて降臨する槵触之峯（**クシ**フルノタケ『書紀』）、久士布流多気（**クジ**フルタケ『古事記』）とそっくりであり同源である。

さらに一歩踏みこんで、この崇神を首露王だけではなく別の重要人物名と石渡は等置した。それが石上神宮に所蔵される七支刀（国宝）銘文にある「倭王旨《し》」である。この刀は百済から献上された「七枝刀《ななつさやのたち》」にあたるものと見られており、金象嵌で銘文が刻まれている。その金石文の内容であるが、対高句麗戦における倭・百済同盟軍の勝利を記念したものと捉えられ、送り手は百済王子の近仇首《きんきゅうしゅ》（『書紀』では貴須王）とされている（定説）。その受け手が「倭王旨」であって、この人物をこそ石渡は崇神と等置した。

この場合、倭王旨こと崇神（首露王）が、戦乱下にある百済と同盟したという解釈になる。なにより、この倭王「旨」という字は首露王が天降った「亀旨峰」の旨と一致しており、石渡説を補完する。旨の字は「ムル」音を持ち、上田正昭も「亀旨」峰に「クシムル」とルビを振っているほどだ。「首（モク）＝頭（モリ）」と「露」（ロ）を合わせると「モロ」という音になり、「首露＝旨（ムル）」とこのMR音で通底する。三輪山は三諸《みもろ》山とも書かれているが、この「ムル／モロ」との類似性も見逃せず、「倭王旨＝首露《モ(ム)ロ》王＝崇神」の可能性をひときわ高くしている。

崇神王朝から「倭の五王」、そして「女系」新王朝へ

次いで、『日本書紀』における初代・**神武天皇**以降の皇統譜を見てみよう。神武を実在する天皇だと看取するまともな研究者はさすがにほとんどおらず、その後の欠史八代の事績の覚束なさを思うとき（『書紀』でも第四巻に一緒くた）、王朝の開始については崇神天皇から始まるという見立てが現在ではもっとも定着している。これは崇神の称号が「ハツクニシラス（御肇国）」だからでもある。

『書紀』が記す王朝の一般的な系譜（男系応神に至る）は図1のようになっている（丸数字は即位の代）。

【図1　崇神から応神までの男系の皇統譜（『日本書紀』）】

⑩崇神—⑪垂仁—⑫景行—⑬成務
　　　　　　　　　　├ヤマトタケル—⑭仲哀—⑮応神（母は神功皇后）
　　　　　　　　　　└イホキイリヒコ

そして図2は井上光貞の読み替えた系譜（女系応神）である（『日本国家の起源』）。

【図2　崇神から応神までの皇統譜　井上説】

崇神—垂仁—┬イニシキイリヒコ（第一皇子）
　　　　　　└景行（第三皇子）—イホキイリヒコ—ホムダマワカ—ナカツヒメ
　　　　　　　　　　　　　　　　　　　　　　　　　　　　　　‖夫婦—仁徳
　　　　　　　　　　　　　　　　　　　　　　　　　　　　応神

『書紀』が示す図1のとおり、崇神と応神のあいだは、一応「男系」でつながってはいる。他方、

図2でもっとも重要なのは、景行の次男イホキイリヒコの子であるホムダマワカのもとに、応神が婿入りしているように見えるという事実である（皇后はナカツヒメ）。ここを裏読みすると、応神の父（仲哀天皇）と母（神功皇后）、そして仲哀の父（ヤマトタケル）が実在しない可能性を考慮しうるということになる（図1の傍線）。

たしかにヤマトタケルは神話的人物でありすぎ、英雄神話を一身に具現したシンボリックな皇子だ。その分、史実性を疑う研究者も多く、ヤマトタケルの子である仲哀にしろ、その存在感の薄さも含めて非実在とする考えに無理はなかった（仲哀は、神に祟られてあっさり死んでしまう）。同じく仲哀の皇后であり、かえって活躍が華々しすぎる神功皇后も非実在だとする考えも同じく妥当なのである。とくに神功皇后は「三韓征伐」指揮の挿話で有名だが、皇后が軍団を率いて新羅等を征討するという神話は、7世紀の『書紀』編纂期における律令国家の「新羅ヘイト」が反映されすぎている。そのように応神の父母の史実性が疑わしい分、応神の「他系」からの登場の仕方、すなわち「女系」応神のほうを史実と見るのもまた自然な解釈なのである。

井上説は「崇神（王朝）から応神へ」の流れをなかなか柔軟に解釈していたのだが、5世紀の「倭の五王」との関連性を見誤っている点、また仁徳天皇を実在と見ている点、なによりも応神の男系出自を特定できなかったことなど、足りぬ部分も多々あった。だから石渡はさらに調整した系譜を提示したのである（図3）。

【図３　崇神王統（イリ王朝）と倭の五王　石渡説】

崇神―垂仁
　├イニシキイリヒコ（讃）
　├景行（オホタラシヒコ）―イホキイリヒコ―ホムダマワカ（済）
　│　　├興（凡連＝メノコヒメ兄）
　│　　└ナカツヒメ
　│　　　　＝夫婦―（仁徳は虚構）
　│　　　応神（武）
　└ワカキニイリヒコ（珍）

この図3では石渡による「倭の五王」との比定も示してみた。図4では五王も載せたので、教科書史観のまどろっこしい五王比定と比較してもらいたい。

【図４　倭の五王（『宋書』倭国伝）】

讃・珍（続き柄不明）
済
├興
└武

石渡理論では、加耶系の崇神・垂仁の二代のあと、その後裔（イニシキイリヒコなど）が「倭の五王」に重なってゆくと見た。この王統の最後に控える「武」を女系の応神であると取り、その「応神の正体」を百済王子の昆支であるとした。

この図3では、イホキイリヒコが倭の五王の「誰」にも相当しないのがミソ。というのは、『宋書』では讃珍は「兄弟」関係であるものの、讃珍と済たちとの「続き柄」が描かれていないからだ（「段差」が生じている）。そこを石渡は、景行の実子であるイホキイリヒコが王位に就かず（一拍置いて）、イホキイリヒコの子のホムダマワカが「済」として、大叔父ワカキニイリヒコの後で王位に就いたと解釈したのである（ホムダマワカ＝済）。常識的には、イニシキイリヒコ（＝讃）よりも事績の多い景行天皇（垂仁の後継天皇で第十二代）をそのまま「讃」と結んだほうがおさまりがよいようにも見えるが、それだと通常の親子関係（景行―イホキイリヒコ）が成立してしまうため、続き柄不明の『宋書』と異なってしまう。「珍（＝ワカキニイリヒコ）と済（＝ホムダマワカ）」は「大叔父―甥」の関係であるために遠い「斜め」の血縁を再現できるのだ。しかもイニシキイリヒコには景行（オホタラシヒコ）とちがって「イリ」が入るため、「崇神（ミマキイリヒコ）―垂仁（イクメイリヒコ）」以来の伝統、いわゆる「**イリ王朝（三輪王朝）**」としての正統性も踏まえられてくる。そこに応神――名前にイリが入っていない外部の男――が「ワケ」系として婿入りしたのがわかるだろう（応神＝ホムタワケ＝誉田分尊『書紀』）。

実際に、上田正昭はこの系図関係をめぐりさらりと大事なことを書いている。

三輪山西麓のヤマト——国のまほろばが築かれる

大神神社の高台から大鳥居と大和三山を望む。
遠く二上山、葛城山などが連なる金剛山地が見える。

《**三輪王権の血脈をうける中比売**《なかつひめ》**を娶ってワケ大王家を樹立した**》と。

応神がナカツヒメを娶ることで政治的背景としてのパワーを受け、ワケ大王家（応神新王朝）を開いたとしているのだ（『私の日本古代史（下）』）。これは上田の集大成としての書籍にある記述だが、大家の主張がこのように井上説ばかりか石渡説とも寄り添い、2012年においても変わらぬことが貴重である。仲哀&神功皇后という記紀における応神の父母がいかに今日、学界的にも疑問視されているかという証左であり、三輪王権たる崇神王朝から、応神王朝への5世紀におけるパワーシフトは、すでにこのように認められている。

もとより「**武＝応神天皇**」だけでも斬新だが、「**武＝応神天皇＝昆支**」となればまさにニュータイプの学説であり、ここまで踏みこんだ説を提示した研究者は、古代史研究上、石渡しかいない。

石渡説にはじめてふれる読者も多いと思われるので、その理由や例証については第1章以降で詳説してゆくつもりである。強調したいのは、仲哀&神功皇后が（いわんやヤマトタケルも）「怪しい」「架空の」存在ということになるなら、その系譜に取って代わる応神の「父方（先祖）」を明示しないことには、この婿入り説は本当には輝かないということ。すなわち、応神の父母が架空でありながら応神自体は虚構ではないのならば、応神の「実の父」の出自が要請されてこざるをえない。そこに応神の「父方」が百済王家だという新たな可能性も生じてくる。この代替案《オルタナティヴ》に踏み入ったところに石渡説の優位性があった。井上、上田らはここまで近づけてはいても、従来説を超克するところまでは行けなかったのである。だからこそ今もって古代史学には、「その先」の整合性に富んだ統一理論が必要なのである。

畿内論者の変化と矛盾

さてここからは現在の考古学界・古代史学界の「謎の4世紀」をめぐる問題点を整理し、第1章に向かおう。

先に引用した寺沢薫の著作『王権誕生』は通史の一冊であり、当の寺沢はといえば緻密な分析を供している考古学者である。箸墓を卑弥呼と必ずしも結びつけない点でも評価はでき（むしろ箸墓を卑弥呼よりも次世代の人物と結びつけている）、旧弊なヤマト中心史観――《**畿内一系の優越主義**》（寺沢薫）――に対して寺沢が「内部」で戦っている姿勢すらよく窺える。「（保守）本流」の考え方としてわれわれも寺沢説を傾聴しているほどだ。崇神王統三代（垂仁、景行）が纏向を中枢地としていたことにも注意を払っていて、石渡説とも薄くだがクロスしている。

また寺沢は、《従来からのヤマト中心史観に基づいた権力中枢の「**継続・一系説**」とは明らかに一線を画した、「**断絶・新生説**」》というものを主張している。畿内論者がこの「断絶・（倭国）新生」を主張している意味が肝要だ。纏向遺跡からさほど遠くない地域（田原本町）に位置する唐子・鍵遺跡（弥生時代の中核的な環濠集落遺跡）が纏向へと「発展的解消」して邪馬台国になったと説く昔ながらの邪馬台国ヤマト説に対し、インサイダーとしてははっきり反対しているということである。纏向遺跡の研究者がここまでヤマトの「継続・一系説」に異議を唱えるというのも、痛快でさえある。

　ところがそんなリベラルな畿内論者であっても、箸墓の実年代を3世紀後葉〜末に設定するなど、われわれからすればまだまだ保守本流ゆえの限界を感じざるをえないところもある。箸墓はかつてのように4世紀後半から5世紀にかけてのものと見定めないかぎり、むしろ考古学的事象と矛盾してしまう。纏向遺跡を核にした邪馬台国畿内説は近年の「年代遡上（繰り上げ）」現象に乗っかりながら、2000年代以降、自らの立場を謳歌しつづけてきたように一見みえている。だが実情は、邪馬台国がヤマトで生じたという「継続・一系説」も「箸墓＝卑弥呼の墓説」も、内部の研究者が疑問を呈しているようなありようだ。これはかなりイタい事態ではあるまいか。メディアも大型の土木建築物の発見を欣喜してアナウンスし、さぞ邪馬台国が畿内で本決まりであるかのように報道しているものの、そんな実情とはほど遠い。建築物が纏向付近から出土したのなら、崇神王朝のものと結びつけて考えればよいだけの話。

「木製輪鐙」と「古韓尺」の衝撃！

ちょうどそんな矛盾をあぶり出すように出現したのが、2000年に箸墓の周溝跡で発見された「木製輪鐙《わあぶみ》」である。あろうことか、もっとも見つかってほしくなかったであろう遺物が発見されてしまったというこの歴史の皮肉。木製輪鐙なる「国内最古の馬具」のいきなりの発見は、本来ならばそれだけ衝撃的なものだったはずだ。

「鐙」とは、乗馬の際に左右の足を乗せる「足がかり」の道具である（電車の吊り革のような台形に近い輪）。土器編年による布留1式期（4世紀初頭）の土器とともに箸墓周溝から出土した。4世期初頭にまで乗馬行為が前倒しされるのではないかという報道もなされたが、その考え方は奇妙――つまり逆だ。そもそも列島史で馬が登場するのは4世紀後半から5世紀初頭ではないかと言われており、半島経由で馬が倭に輸入されはじめた。しかし馬の骨や馬具、馬形埴輪の発見は、5世紀以降の古墳から出土することが多い（「河内馬飼」の牧だった蔀屋《しとみや》北遺跡など）。したがって素直に解釈するなら、乗馬行為の前倒しどころか、箸墓周溝のほうこそ年代がもっと新しい（5世紀以降）という見立てこそが正しい。もともと最古クラスの輪鐙すら5世紀以降（北燕――遼寧省の鮮卑系王朝――の王弟・馮素弗《ふうそふつ》の石槨墓から出土した）のものなので、箸墓の年代観があまりにも古く遡行しすぎていたのである。いわば激しいカウンターパンチが飛んできたという具合なのだ。このファクトに対して畿内論者たちが正面から論駁するのはなかなかしんどいことであろうし、結果、畿内論者は正面切って相手にせず、だんまりを決めこんだ。

もう一つ、新井宏による「古韓尺」の研究成果が、ツングース系渡来人による古代王権の可能性を改めて照射してくれている。新井の新説自体はそもそも十数年前に提起されたものだ（『まぼろしの古代尺――高麗尺はなかった』）。近年でも、纏向の大型建物群についての驚くべき調査結果を語っている（「『古韓尺』で作られた纏向大型建物群」）。もとより古墳等の設計のためには基準となる単位を決めなければならない。そのための単位（尺）として、中国由来の後漢尺や高句麗の高麗尺などが有名である。そして纏向の建物や古墳における各寸法（墳丘長、後円径など）についてどの古代尺が適合するか否かが試算された。結果、纏向遺跡の主要古墳では、倭韓共用の「古韓尺」（二六・七センチ）という単位によって設計されていたということが、数値的にまちがいないというところまでが判明したのだ（私も計算機片手にあれこれ割り算をしてみてエェッと声をあげたものだ）。

新井ともども掲載誌「季刊　邪馬台国」の識見の高さも評価されるべきところなのだが、一般の日本人にこの革新的な新井説が知られているかどうかとなると、心もとない（これは石渡史学の紹介が一般誌では「週刊金曜日」で特集された以外はなかったこととも軌を一にする）。相変わらず畿内論者たちの動きは鈍く、メディアの評価や支援も寂しいと言わざるをえない。

とはいえ、新井説の新展開は石渡理論とも相即し、願ってもない材料を提供してもらった形である。古韓尺の使用例としては4世紀高句麗における積石塚古墳に源流を求めることができるという。やはり箸墓を築造した人びとは、半島からのツングース系渡来勢力にほかならないと確言することができるし、後漢尺や晋尺では数値的に合致を見なかったという研究成果を素直に受け取るならば、箸墓の築造年度ももっと新しい時期（中国の三国時代よりずっと後）――4世紀後半以降――に繰り下がらざるをえないであろう。

以上、序章では、
邪馬台国→加耶系渡来勢力の進出（北部九州→吉備→畿内）→崇神（首露王＝倭王旨）による「三輪（イリ）王朝」→倭の五王（讃珍済興＋武）→応神（＝武）の婿入りによる「ワケ王朝」

という流れを概説してみた。これらは騎馬民族としての習性を脱色された**ソフトな「渡来王朝説」**であり、その二重構造である。そこで、崇神が開いた三輪山麓のイリ王朝――「最初の王統」――に、本書の主人公たる応神天皇がどう具体的にかかわっていったのか、その総体を次章から見わたしてゆきたい。

箸墓と三輪山

纒向古墳群の盟主である箸墓には、
崇神天皇が眠っているとするのが石渡説。

第1章　倭王朝と入り婿・応神の「新王朝」

——男系イホキイリヒコ&ホムダマワカの謎を解く

最初の王統：崇神王朝――〝第一の降臨者〟ニギハヤヒ（＝ホアカリ）の系譜

石渡信一郎の学説は、過去の通説・定説を十分に吟味しておりそれらを是々非々で取捨選択しているのがその理論の特徴でもある。だからその過激なまでにクリエイティヴな独自性が発揮されている前段階として、なによりも常識的な史観や科学的知見を、その理論は押さえている。

崇神王家に対して応神が「婿入り」したという説も、井上光貞説や水野説が先行したものであり、先行説をうまく換骨奪胎してアレンジした。その上、この婿入り説を応用することで、『宋書』における「倭の五王」を現実の皇統譜から再構成することにも成功した（図3）。

崇神と応神は、系図上は「男系」としてつながってはいるが、語ってきたように、加耶系崇神王朝の後に、百済系の応神王朝が「新王朝」として開かれたとするのが石渡理論の肝である。旧王朝と新王朝の二系統がなぜ見て取れるかというなら、そもそも「天孫降臨」がなぜか二回もあることに決定的に拠るだろう。もしもたった一回のみの天孫降臨というのならば、アマテラスの孫（ニニギノミコト）が列島に天降っておしまいでよい。そのはずなのだが、そうした降臨劇が前後二回もあるというのは、建国神話のスタイルとしてやはり異色である。端的に前後に「二朝」があったとするならば、この理由を説明できるわけだ。

もっと言うなら、そもそも天孫降臨神話なるもの自体が、ヤマト中心史観への最大の異議申し立てだということ。ヤマト主義の純粋な理想形がもしあるのなら、纏向の地で生まれ育ったある豪族の王子がそのまま当のヤマトの地で王家を興すという内容で十分であり、「外部」から「降臨」するなどという「起源の物語」は不要だからである。今風に言うなら『日本書紀』最大のぶっちゃけたネタばらしと言ってもよいであろう。

その第一回目の降臨者がニギハヤヒであり、その背景と道具立てもそれなりにそろっている。天磐船というシロモノに乗って河上哮峯《いかるがのみね》（大阪府交野市私市）に天降ったという設定だ。

石渡理論においては、渡来系の崇神王家の「本体」は、このニギハヤヒ（＝ホアカリ）の後裔である尾張連氏の系譜に表現されている（書き残されている）と考えられている。言い換えれば、崇神王統の後裔が尾張連氏である。なぜそう読み解けるかというと、尾張連の先祖には、当の「第一の降臨者」ニギハヤヒ（＝ホアカリ）があてられており、古代史の建設者たる応神天皇が尾張連氏から正妻（皇后）を娶っているからだ。

ただ一般的に、正史『日本書紀』では尾張連氏の祖神はアメノホアカリ（天孫）とされており、物部氏や同族の穂積氏のほうがニギハヤヒ（天神）の後裔とされている。だが『先代旧事本紀』ではニギハヤヒとホアカリはまさに同体の神「**天照国照彦天火明櫛玉饒速日尊**」となっており、尾張連氏の祖神はこの降臨してきたニギハヤヒと見て、特段の問題はなかろう。このあたりのニニギとニギハヤヒ（＝ホアカリ）の関係性は実に複雑であり、記紀でも細心の注意が払われているように見える（ニニギとホアカリの関係が、親子だったり兄弟だったりと記述内容が異なっている点）。『書紀』完成に立ち至るまでの編纂者たちによる交渉と妥結の過程がしのばれもする箇所である。

たしかに尾張には熱田神宮があり、「三種の神器」の一つである御神体・草薙剣（＝天叢雲剣《あまのむらくものつるぎ》）が祀られていて、王権中心とのただならぬ関係は容易に想像される（だから宮中には剣の「形代」が代置される）。あのヤマトタケル神話では、東征の際にヤマトタケル（景行の子）が草薙剣を用いて、死の危機を脱した。ヤマトタケルは尾張ではミヤズヒメと結婚したが、哀れタケルは死して、悲しんだミヤズヒメが熱田神宮を建てて奉祭したという逸話が残されている。このように三種の神器の一つが尾張に縁があるというのは、鉄（刀剣）と尾張氏の関連性も含めて見落とせない事実なのだ。

そこで、ニギハヤヒから応神までのリアルな連なりを記紀や『先代旧事本紀』から一元的に復元してみる（次ページ）。

ここで興味深いのは、『古事記』では存在しているホムダマワカが、『書紀』にはその存在が完全に抹消されていること。その父イホキイリヒコが「三太子」のうち記紀で唯一事績がほとんどないのとこれは軌を一にする。そして、このホムダマワカが隠された理由は明瞭だ。ホムダマワカには三姉妹の娘たちがおり、その三人ともが応神の妻（后妃）となっている（皇后がナカツヒメ）。それほど濃密な姻戚関係が結ばれた応神の婿入り先の家が、どんな系統であるかを、『書紀』はなんとしてもぼやかしたかったのにちがいない。

【図5　尾張連氏（＝崇神王家）の系譜】

ニギハヤヒ（＝ホアカリ）↓十数代のち↓ヲトヨへ↓

イホキイリヒコ

↓ヲトヨ―タケイナダネ―シリツキトメ（姉）―ホムダマワカ（済）―三姫（ナカツヒメ等）

金田屋野姫命（妹　ホムダマワカに嫁ぎ三姫を生む）

尾綱根（長男）

玉姫（丹羽氏の祖・大荒田命の娘）

応神（武）

応神は、男系を遡っても崇神王統につながってはいるが、それよりもこの婿入りのほうを重視

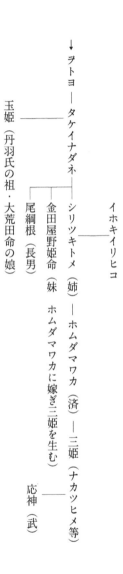

したくなる研究者がいるのは、こういう奇妙な作為を見ればごく当然のことなのだ。その婿入り先の系統こそが「（ニギハヤヒ＝ホアカリ）……ヲトヨ―タケイナダネ―ホムダマワカ」の家――すなわち尾張連氏である。

では、この尾張連氏が本当に崇神王家とダブり、かぶってくるのかを検証してみよう。

なぜ崇神王家が「尾張連」「物部」とかぶるのか？①――「倭の五王」と製鉄・武器の一族

まず崇神王家と倭の五王、そして尾張連氏の系譜的な事実関係を見てみたい。序章の図3を見てもらうとわかるように、「崇神―垂仁」のあとは、倭の五王の筆頭である「讃」が受け継いだとした。讃は421年に宋に朝貢した記録があるため、讃（＝イニシキイリヒコ）の時代を5世紀前半と読み取れる（「珍」は讃の弟なので兄弟相承制で後継された）。そして「済」であると石渡が見て取るホムダマワカは、その父（イホキイリヒコ）が景行の実子であるために、崇神王統の血（DNA）は、崇神からたしかに尾張連氏に継がれている。ただ、ホムダマワカが本当に「済」であるかどうかの信憑性を、理論上、精査し、証明してみせなくてはならないだろう。その鍵となるのが、

「イニシキイリヒコ（讃）／景行―イホキイリヒコ―ホムダマワカ（済）」

の三世代四人の男系血脈である。この三世代が崇神王朝と尾張連氏のカスガイになって、五王「武」にまで王統が継がれてゆく。

まず垂仁の子であるイニシキイリヒコで見落としてならないのは、伊奈波神社（岐阜市）の祭神であることであり、濃尾平野の地、尾張氏との関連性が今に濃厚に残る点である。イニシキイリヒコは、大王が奉祭した石上神宮の神宝――太刀――を製造したことでも知られ、鉄製武器を管掌して軍事面を司り、池溝開拓などの土木面でも活躍した有能な皇族であって、物部氏とも縁が深い。尾張氏と物部氏は「ホアカリ＝ニギハヤヒ」を同一の祖神とする一族の子孫たちだ。

その甥のイホキイリヒコの場合、図5で見るように、実際、尾張連氏から妻（シリツキトメ）を娶っており、「尾張」との関係がひときわ深いのも一目瞭然だ。重要なのはその名前、イホキイリヒコである。当然のように「イリ」が入っており「イリ王朝」のメンバーであることは言をまたないが、「イホキ」イリヒコの表記は「五百木」や「五百城」であり、その音韻つながりからも「伊福（部）」「伊吹」などとの関連性の幅がひろがる。おそらく同源であるイホキ・イフク（べ）氏は物部氏や尾張連氏の一族（同族）とされており、共通して「日（火）の神」ホアカリを祖神とする伝承が多く残されている。伊福には、伊吹・気吹・息吹・火吹の連想もあり、伊吹山には鍛冶・製鉄の伝承もあれば、「吹く」には製鉄において火の燃焼を調整するため吹子（フイゴ）で風（息）を送ることの意味もある。

谷川健一がこの物部氏と金属神の関係を追究したのは知られているとおりであり、石渡説ともこの部分では響きあってくる。「物部王国」があったと考える谷川は、物部氏（伊福部氏含む）が日神を奉る一族で、九州に根城もあったが、それ以前は、対馬などを経由して渡来した一族であるという考え方を採っている。そこで谷川はこう述べている。

金海郡大東面酒洞里と上東面一帯に鉄鉱がある。この地方の支配者の首露族は、金海の鉄山を支配する鍛冶族であったようである。（『隠された物部王国「日本」』）

それと関連して、三輪山近くの金屋や忍坂遺跡でフイゴや鉄滓が出ているのも、見逃せない事実である。イニシキイリヒコが太刀千口を石上神宮に納める前に忍坂に納めたという記録も『書紀』にあるほどだ。布留遺跡に明らかな半島系の刀装具類が多く出土している点も重要。谷川の言う「物部王国」の枢要は、石渡による渡来系崇神王朝論と重なる。

このような、「**崇神（イリ王朝）系―三輪（忍坂）―イニシキイリヒコ―石上神宮―刀剣―鉄（鉄器）―布留遺跡（半島系刀装具類）―首露―金海―金属精錬―物部氏―イホキ氏―イホキイリヒコ―尾張地方**」の一連のリンクぶりは否定しようがなく、製鉄も加耶ならではの古代技術で、イニシキイリヒコ―イホキイリヒコらが加耶系王統に連なっているという石渡説とも無矛盾でつながってくる。

石上神宮　拝殿（国宝）

イニシキイリヒコが太刀（劔）一千口を納入した。
物部氏との縁も深い神社。

また関連して、穂積氏・物部氏の祖先にウマシマジ（ニギハヤヒの子）がおり、ウマシマジ自身が祭神となっている味鋺《あじま》神社が名古屋市にあるのも特筆される。語ったように、崇神の本名は倭王「旨」であった。この「旨」字には字義的に味の美味《うま》さが含意されており、崇神王統が尾張・物部・穂積・大伴系に代置されてゆくことを考慮しても、ウマシマジやアジマ神社の名前づけがこの「旨」字からの発展形だと考えられることも、石渡は示唆している。

どこを切っても同じ顔が出る金太郎飴のように、一連の尾張（連）・物部氏とイニシキイリヒコ、イホキイリヒコの関係がいかに密であるかは十分に察せられるところだろう。もとよりニギハヤヒが、ニニギ（アマテラスの孫）よりも一段階早く降臨したのは大阪平野なので、ニギハヤヒにちなんだ事績が河内や大和にあるのも当然である。ニギハヤヒの事績にちなんだ磐船神社が河内（交野市）に位置することや、物部・穂積氏の拠点が大和国十市郡や山辺郡にあった事実も忘れてはならない。崇神王家の後身（傍系）であるのちの「尾張連氏」は尾張地方にも勢力を張ったとはいえ、もとは畿内で権勢を誇っていたはずで、あくまでそれゆえの勢力拡大なのである。

この尾張連の系図でもう一つ重要なのは、タケイナダネ（イホキイリヒコの義父）が、大荒田命（丹羽氏の祖）の娘を娶っていること。というのも、この丹羽氏の系譜であるニハ県君が葬られている愛知県最大の古墳・東之宮古墳には、神宝として三角縁神獣鏡が祀られているのだが、石渡理論においては、三角縁神獣鏡は、崇神王統の前期（とくに垂仁朝）に、鏡作神社（ヤマトに幾つかある）

で製造されたというふうに解釈されており、鏡作坐天照御魂神社《かがみつくりにますあまてるみたま》（磯城郡）に遺された鏡と、この東之宮古墳の鏡が「同笵鏡」であることが判明している。つまり中央の鏡作神社と尾張有力者の本拠との接点が明瞭に示されているのだ（しかもこの神社の祭神が天照国照日子火明命という尾張連氏の祖神であることも有力な接点）。

東之宮古墳の４００年ごろという築造年の見立ても石渡による垂仁時代（４００年代初）の年代観と筋が合い、竪穴式石室であることもまさに加耶系古墳と共通する。「中央」から地方の前方後円墳被葬者への三角縁神獣鏡等の分与はよくあることだが、その鏡が御神体扱いされた特別あつらえの風もあり、傍証の度合いも強くなるので例示した。

以上、尾張連氏、物部氏、穂積氏らが広義の一族として加耶系の渡来勢力であったことは、「ニギハヤヒ＝ホアカリ」を共通の祖神（日神＝火神）にいだくことからも確実であったろうと推定される。

ヤマト中心主義者たちは、この「ニギハヤヒ＝ホアカリ」を始祖とするこの一族の存在を、意図的に無視している風がある。たとえば近年、息長氏や和珥（和邇）氏を、古代国家建設を考える上で俎上に載せるのがちょっとした「はやり」のようにも感じられるのだが、このヤマト先住氏族（「ニギハヤヒ＝ホアカリ」奉祭者たち）の可能性すら高い尾張氏については、この氏族集団をきちんと位置づけることにはどこか二の足を踏み、躊躇があるような具合なのだ。大王家（天皇家）よりも「先」に来たという氏族集団――つまり第一の天孫族――を素直に認めることにはなかなか抵抗が強いのであろう。学界のもどかしさや制約ぶり（もしくは忖度ぶり）を感じざるをえないところでもあり、その分、尾張氏らの研究は空白地帯となっているため、石渡のような直球勝負のできる研究家にとっては、面目躍如たる成果をここで挙げられたという皮肉な事態ともなっている。

ヤマト入りした崇神王統（尾張連氏中心）は、以後支脈のような日神＝ホアカリ系の関連氏族たち（物部、海部、穂積ら）ともども畿内に根を張る。とくに河内国南部と接する大和国葛城の高尾張（葛城市）のエリアには「尾張」の名も残っており、ヤマトだけではなく葛城山麓にも別途、準本拠地を築いたと思われる。たとえば、やはりホアカリを奉じる丹比氏や笛吹氏はこのあたりが本拠である。

やがて渡来勢力はヤマトから西、つまり大阪平野の開拓事業に乗り出してゆくのだ（第2章後述）。尾張連氏は名前からどうしても愛知県の「尾張」との関係に焦点があてられてしまう一族ではあるが、尾張連氏はヤマトという日本のまほろばに勢力を張った旧大王家にほかならないのである。換言すると、尾張連氏の系図にこそリアルな大王家の皇統が透かし見えると推定されるのだ。

なぜ崇神王家が「尾張連」「物部」とかぶるのか？②——系図上の「作為」を検証する

そこで図6を見てもらいたい。正史では大王家と尾張連氏は、男系皇位継承資格者イホキイリヒコがシリツキトメ（尾張連氏出身）を娶っていることで太くつながっている。以下、少々複雑な話の過程を通る。

崇神からイホキイリヒコに至る崇神王統の面々――ここでは四人の天皇・皇族がいる――が、渡来勢力（直系）の名前（や皇統）を反映していると仮定し、両系統を並べてみれば、不思議な点に気がつくはずだ。

【図6　崇神王統と尾張連氏の近接・融合ぶり①　シリツキトメを娶った渡来勢力の直系】

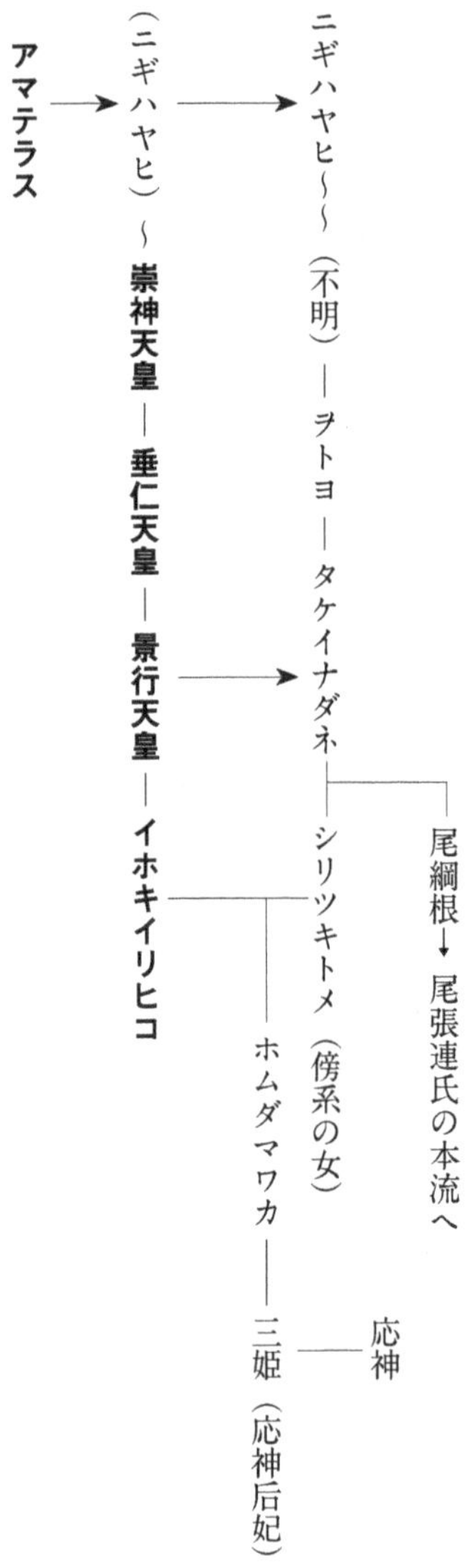

両系統は左右で対応関係が見られることが一つ。そしてタケイナダネの父・ヲトヨの父がなぜか「不明」である点（ニギハヤヒからの系図は連綿とつづいているのだが、そこにだけ断絶がある）。系図の不自然な造作感を覚えさせられるところだ。それゆえに、図6の三代の流れ「（不明）―ヲトヨ―タケイナダネ」の系譜が後づけでゼロから創作されたとも感じ取れるわけである。あとはだから、崇神王家の本来の皇祖神であった「ニギハヤヒ（＝ホアカリ）」を抹消して尾張連氏の祖神に移し、空位になったそのポジションに「アマテラス―ニニギ」の天孫の系譜を付け替えればよい。それだけで、崇神王統にとって尾張連氏はシリツキトメを提供してくれた有力な姻戚に見えるはずだ。だが実際は、両家は一つで相即しており、相互に融合しているようなものだと私は見ているわけである。

この推定どおりなら、タケイナダネとは「景行の分身」であり、景行から抽出された人物である。タケイナダネの父であるヲトヨもあえて言えば垂仁の分身である。現にヲトヨはその「父の名」が『先代旧事本紀』でも不明で「謎」とされており、降って湧いたように「ニギハヤヒ（＝ホアカリ）～尾張連氏」と直結させられているだけだから、そもそも不自然さが極まっている。最大のポイントとして強調しておきたいのは、現行の皇統譜や周辺系図を定める際に、イホキイリヒコとシリツキトメの婚姻関係を使うことで、シリツキトメ（おそらく渡来勢力の傍系）の親世代以前を「尾張連氏」の直系として仮構していったことだ（図6）。ヲトヨの造作感も、ニギハヤヒとつながる〝第一降臨氏族〟としての「格」も、後世に意図的に残されていった。崇神王家と尾張連氏が近接しているばかりかほぼ融合しかけている状況がここまで再現できてくる、しかもごくシンプルな見立てと手続きだけでだ。同時にまたわかるのは、系図の最後に来る応神がいかに「女系」大王であったかというその姿である。

【図7　崇神王統と尾張連氏の近接・融合ぶり②（渡来勢力の）尾張連氏を王統に転換する作為】

アマテラス〜――崇神天皇――垂仁天皇――景行天皇――イホキイリヒコ

↑　↑　↑　↑

ニギハヤヒ〜（モデル人物）――ヲトヨ――タケイナダネ――（イホキイリヒコ）

尾綱根→尾張連氏の本流へ

では、次いで反対の方向――尾張連氏の面々（の名前）のほうが「実在」のモデル人物たち（すなわち加耶系渡来人たち）の反映であると仮定する方向――から説明しよう（図7）。この場合は、そもそもニギハヤヒからタケイナダネ（その義理の息子ホムダマワカ）までが歴史的・系譜的に一本でつながっているわけだから、この面々の筋が大王たちだったという構図を描き出せばよい。ここでもシリツキトメとイホキイリヒコの婚姻関係が鍵になる。というのも、シリツキトメと婚姻したイホキイリヒコは、タケイナダネの「義理の息子」ということになるが（図6）、実際は、図7にある「タケイナダネ―（イホキイリヒコ）」というふうに本当の「親子」であったと見なすのである。これは逆に言うと、「景行天皇の本体」こそが尾張連氏タケイナダネだったということにもなるわけで、さらに別の言い方（操作）をするなら、景行をその「設定」のままタケイナダネのポジションに入れ替える（戻す）作業をイメージしてみてもよい（結果、『書紀』の「垂仁―景行―イホキイリヒコ」系譜が三世代のままの続き柄で、尾張連氏に横移動的に連なることすら可能）。意外なことに、こういう補助線を引くと系譜はいっそう明瞭になる。タケイナダネの父であるヲトヨはそのまま垂仁に相当するし、ヲトヨの不明とされている父が実際の始祖王・崇神の「モデル人物」（名前はわからない）となり、そこから崇神が形成されていったというわけだ。実は景行の皇后・八坂入媛命は、景行が美濃でスカウトした設定となっており、一方のタケイナダネの妻・玉姫は丹羽郡（犬山市）出身であり、ともに濃尾平野が鍵になっている妻であることも私見への傍証になるだろう。

このようにおそらく本来は、イホキイリヒコはタケイナダネの婿養子ではなくて実子だったであろう。そこを「義理の息子」であるとちょっと転換したところ（矢印）に後代の系図作成者による冴えた作為があった。言い換えると、そこを元に戻すべく入れ替えるだけで、ニギハヤヒ（＝ホアカリ）を祖とする尾張連氏と崇神王家が同致する。シリツキトメ（のモデル人物）は尾綱根ともどもやはりこの渡来勢力の有力な同族の子女であろうし、その尾綱根の家系が「尾張連氏」として往時は呼ばれていった、という考え方になる。イホキイリヒコがタケイナダネの嫡子でかつ王統となれば、尾綱根は次男以降にほかならず、大王家を継げないからだ。だから実際の「尾張連氏」は、尾綱根を中核とする系譜で発展していったと思われるけれども、歴史に残った（強調された）のはむろんのことタケイナダネを中心とした尾張連氏の系譜であったはずだ（ちなみにシリツキトメは尾綱根の兄弟姉妹であっても、別の傍系出身の女であってもどちらでも解釈可能で任意である。いずれにせよ決定不可能な箇所）。

以上、ちょっとした入れ替えのテクニックだけで有効な結果になることを開陳した。煩雑な検証だったが、系図上の名前は「記号」にすぎないので、実在する生身の人間として考えると、こういう言い方をしないと厳密にならないということである。二つの系統の近接・融合ぶりを検証するためである。

消されたホムダマワカ――クヒマタ「三姉妹」の謎

次いで、その最重要人物のひとりホムダマワカ（イホキイリヒコの子）について述べたい。『日本書紀』には存在しないホムダマワカ（品陀真若王《ホムダマワカノミコ》）だが、これは、ナカツヒメ（応神の皇后）を「イホキイリヒコの孫」と『書紀』が記しているからで、「ナカツヒメの父」を直接書き残していないということである。消された（隠された）ホムダマワカの事績と系譜がなんとも意味深いところなのだ。もとよりホムダマワカは崇神大王家の男系皇族であり、石渡は倭の五王の「済」と同一視している（図3、図8参照）。済には「興」と「武」という息子たち（兄弟）がいて、その弟のほうが婿入りした応神と等置されることになる（応神はホムダマワカの義理の息子）。

では、興に相当する人物がホムダマワカの子にいるかというと、ホムダマワカ自体にはそれらしき息子はいない。しかし、ホムダマワカは、その設定から尾張氏の尾張連草香《くさか》と等置させることができると石渡は考えた。その類比的《アナロジカル》な思考は以下の図を経て新しい知見を展開したのである。

この尾張連草香に着目したのはたしかに秀逸だった。草香にはメノコヒメという「娘」がおり（『書紀』目子媛）、メノコヒメは『古事記』では「凡連」（オホシノムラジ）の「妹」とされていた（のちにメノコヒメは継体の妻になる）。そうなれば記紀情報をまたぐことで凡連もまた尾張連草香の「息子」であるという事実を接ぎ木して図8の中央を再現できる。当然のように、凡連も尾張連の祖と『古事記』は記載しているから平仄は合い、この親子も先の「ニギハヤヒ＝ホアカリ」に発す

【図8　ホムダマワカと尾張連草香と済の類比関係】

済──興（兄）
　└─武（弟）
『宋書』倭国伝

尾張連草香──凡連（兄）
　　　　　└─メノコヒメ（妹）──継体天皇
『古事記』＋『日本書紀』

ホムダマワカ──ナカツヒメ──応神天皇
　　　　　　　　　└─仁徳天皇
『古事記』

る子孫であることもわかる。

だから、ホムダマワカを尾張連草香とイコールだと見立て、五王の「済」とも等置すると、草香の息子の「凡連」が「興」のポジションにおさまってくる。「オホシ」ノムラジ＝「オコシ（興）」というふうに、訓の音韻としてつながるのも石渡が押さえたポイントである。ホムダマワカも尾張連草香もともに娘を大王（応神と継体）に嫁がせている共通項がある。

『書紀』編纂者は倭の五王についての『宋書』記載を当然知りながら、そこにぴったりと該当しうるような系図を書き残さなかった。その分、たとえば実在した「済」ならその事績や家族構成を、主たるホムダマワカとは別に尾張連草香や咋俣長日子王《くひまたながひこのみこ》に分散させ割り振っていったわけだ。

ただこれだけでは、系図上の印象操作をしているだけのようにしか見えぬかもしれないので、ホムダマワカを尾張連草香と等置するこの石渡説を補強するべく、私が別の「補助線」を示してみる。それはホムダマワカを『古事記』の咋俣長日子王（『書紀』の河派仲彦）とも等置するというやり方である。実は石渡は、咋俣長日子王（河派仲彦）をこの凡連（尾張連草香の息子）と等置しているので、この私説とは異なる。だが以下に記す管見のほうが石渡理論全体を強化し活性化しうると確信するので、その理屈を図9で説明してみよう。それだけホムダマワカと咋俣長日子王には奇妙な共通項があるのだ。

咋俣長日子王（「杙俣」表記もあるが統一）は『古事記』でヤマトタケルの孫であり、その娘たちのうち次女（息長真若中比売）がこのように応神の妻となっている。それだけではなく、見すごせない事実があるのだ。

【図9 応神の后妃たち】

ホムダマワカの三人の娘
- 高木之入日売命（応神の妃）
- **中日売命**（応神の皇后）——**仁徳**（不在／石渡説）『古事記』
- 弟日売命（応神の妃）

咋俣長日子王の三人の娘
- 飯野真黒比売
- **息長真若中比売**（応神の妃）—若沼毛二俣王（＝**欽明**／石渡説）『古事記』
- 弟比売

河派仲彦の娘——弟姫（応神の妃）——稚野毛二派皇子『書紀』

①ホムダマワカも咋俣長日子王も、ともに「三姉妹を娘に持つ」という珍しい点で共通している。

②しかも姉妹の名前の構成が似ており、次女同士には「ナカ」の名が印象的で、三女の名前も同じ「オトヒメ」。

③さらにそれ以上に重要な共通点があって、真ん中の女（次女）とのあいだに、応神が自分の後

継者の「天皇」をそれぞれもうけている（仁徳／欽明）――というふうに見立てることができるのだ。

　このように、ホムダマワカと咋俣長日子王の類似性・共通性がどうにも作為的すぎる。念のため言及すれば、咋俣長日子王と河派仲彦との差は、記紀によくある名前だけの別表記であり、まったくの同一人物なのだが、細部の家族構成は右記のように異なっている。河派仲彦の娘は弟姫ひとりしか出てこない。一方、息長真若中比売（記）と弟姫（紀）それぞれの息子はその字面も音韻も酷似しており、若沼《わかぬ》毛《け》二俣王《ふたまたのみこ》（記）＝稚野毛二派皇子（紀）として読みもワカヌ（ノ）ケフタマタである。ホムダマワカを『書紀』が隠したのと同様、河派仲彦の家族構成を意図的にシンプルに（なおざりに）したところに『書紀』のカムフラージュぶりを見て取ることも可能は可能。この点に関して『古事記』のほうが三人姉妹を記している分、正直で実相に近いのだ。

　実際の応神の後継者（息子）はこのあと第4章で詳述するように、欽明天皇である（石渡説）。しかし、記紀上では、応神の後継者は、系図どおりナカツヒメとのあいだにもうけられた仁徳天皇として設定されている。あの日本最大の仁徳陵（現在はもっぱら「大仙（陵）古墳」と呼称）で有名な仁徳である。仁徳はその反面、事績が応神とかぶるところがあり、虚構であると見なす文献史学者が少なくない（直木孝次郎による応神＝仁徳同一説などもある）。ナカツヒメは仁徳以外にも応神の子を生んでおり、ナカツヒメ自体を虚構と見る必要はないし、「三姉妹」の次女として実在はするはずで、私の見立てなら「皇后ナカツヒメが生んだ子が大王（天皇）になる」という設定がそのまま生きてくる。ただし、それは仁徳ではなくて、欽明（＝若沼毛二俣王）のほうだという大胆な読み替えができるわけである。

この「三姉妹」の奇妙な一致に関する私の推理はこうである。実際の応神後継者である欽明天皇（若沼毛二俣王＝稚野毛二派皇子）を、「ある理由」のために、記紀は「応神の子」のポジションから引き離す必要があった。欽明の時代を後代へずらし、かわりに仁徳を造作して応神の子とした（母はナカツヒメのまま）。その際、『古事記』では、ナカツヒメの分身として息長真若中比売を設定し、それをホムダマワカの分身である咋俣長日子王の娘たち（三姉妹）の次女として構成したのだろう。そうした作為の結果、現状のような記紀が成立していった。この「三姉妹つながり」を透かし見ることで、仁徳を創作した（欽明を移動した）という文献批判《テクストクリティーク》が可能になる。

なお応神と欽明の父子関係を崩した理由は後述するが、ひと言で言うならば、6世紀以降7世紀にまで断続的に起こった大王家内部の争乱――応神系と継体系の激しい権力闘争劇――を覆い隠し、「万世一系」の系譜へと塗り固めるためである。欽明は『書紀』では継体の「嫡子《ひつぎのみこ》」ということになっているが、非常に怪しげな情報だ。なぜかというと継体系（安閑・宣化）と欽明のあいだには、欽明によるクーデター事件が発生した可能性が従来から説かれており、「嫡子」であるはずの欽明には奇妙な事柄も多く、欽明が継体の実子であるかどうかはかなり疑わしいという見方も強いからである。

「ナカツヒコ」の河内開拓——進展しつづける4、5世紀の土地開発事業

では、ホムダマワカがこの咋俣長日子王だとする「補助線」を設けると、どんな真相がさらに見えてくるのか？

まず「咋俣」も「河派」も大阪平野を流れる**（旧）大和川流域**に関係のある名前であり、現在も大阪府には杭全《くまた》の地名が残されている（東住吉区／かつては摂津国住吉郡杭全郷）。古代の大和川は今のように西流したまま大阪湾に注いでいたのではなく、石川と合流した後は北流し、さらに二俣（長瀬川と玉串川／今の八尾市二俣あたり）にて分かれていった。長瀬川は西へと枝分かれして平野川となったがこのあたりの流域は「平野郷」とも呼ばれた開拓エリアであった。

知られるように古代大阪では「河内湖」が内陸に内湾的に入りこんでいた。昔の縄文・弥生期には「河内湾」ですらあったのだ。だが河内湾は河内湖へと小さくなっていって淡水化し、淀川や旧大和川から大量に吐き出された土砂で埋められて巨大な湿地（難波潟、草香江）へと姿を変えていった。沼沢地から徐々に沖積層が形成されていったのである（沖積平野へ）。そこには当然、人の手も加わった。まさに咋俣長日子王や杭全のこの「杭」の字に象徴されるように土木・排水工事が古墳時代に盛んに行なわれ、水路も備えた豊かな大阪平野が開拓されていったわけである。

たとえば八尾市の小阪合《こざかあい》遺跡は長瀬川と玉串川の土砂で形成された沖積地に位置する4世紀後半の遺跡であり、銅鏡・勾玉・剣の三点セットも発見され、祭祀遺構としても注目を浴びている。川筋があらわになってきたこのエリアには古代船や船形埴輪（日本で発見されるほとんどの船形埴輪は石川流域からだという）など、水運が盛んであったことも想起させる遺物が次々と出土している。身近な移動手段としての水運は言うにおよばず大陸方面などへの外洋航海の可能性も特筆されるだろう。

ホムダマワカには「大阪色」がないものの、このように咋俣長日子王と等置されるのなら、大阪平野での事績もあてがうことができる。ホムダマワカに「大阪属性」が強く生じる。5世紀に応神が河内王権を主導したのはまちがいのない事実だが、その下準備や受け皿として、義父ホムダマワカらの王族（つまりは崇神の後裔たち）が逸早くこの大阪エリアに政治的・経済的勢力を伸張していたとすれば、ホムダマワカの婿である応神にとっても、これ以上ないほどの多大な権力基盤や利

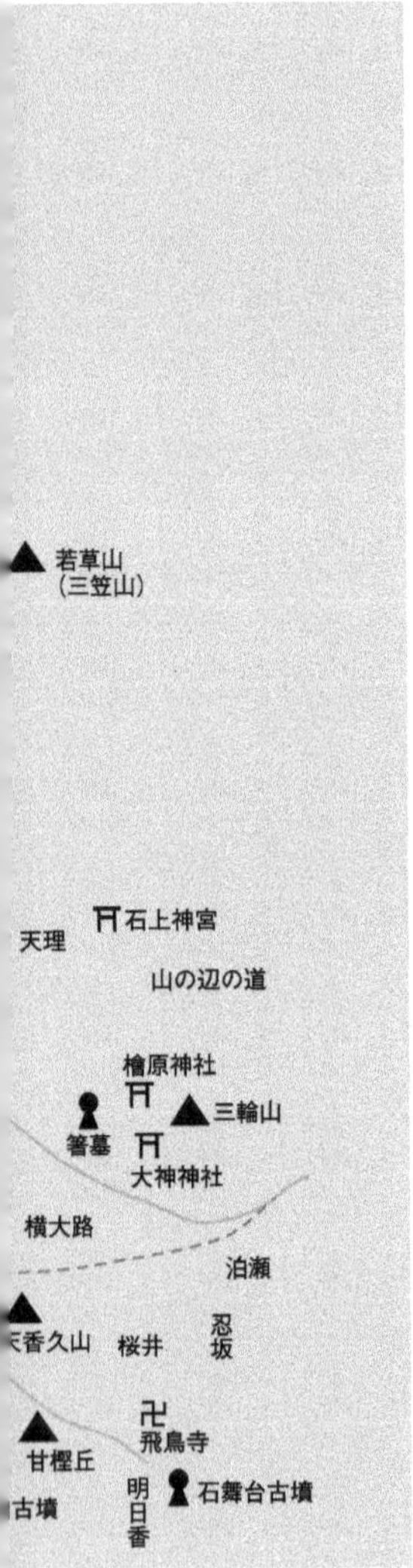

古代の河内とヤマト（『八幡神の正体』より修正・加工）

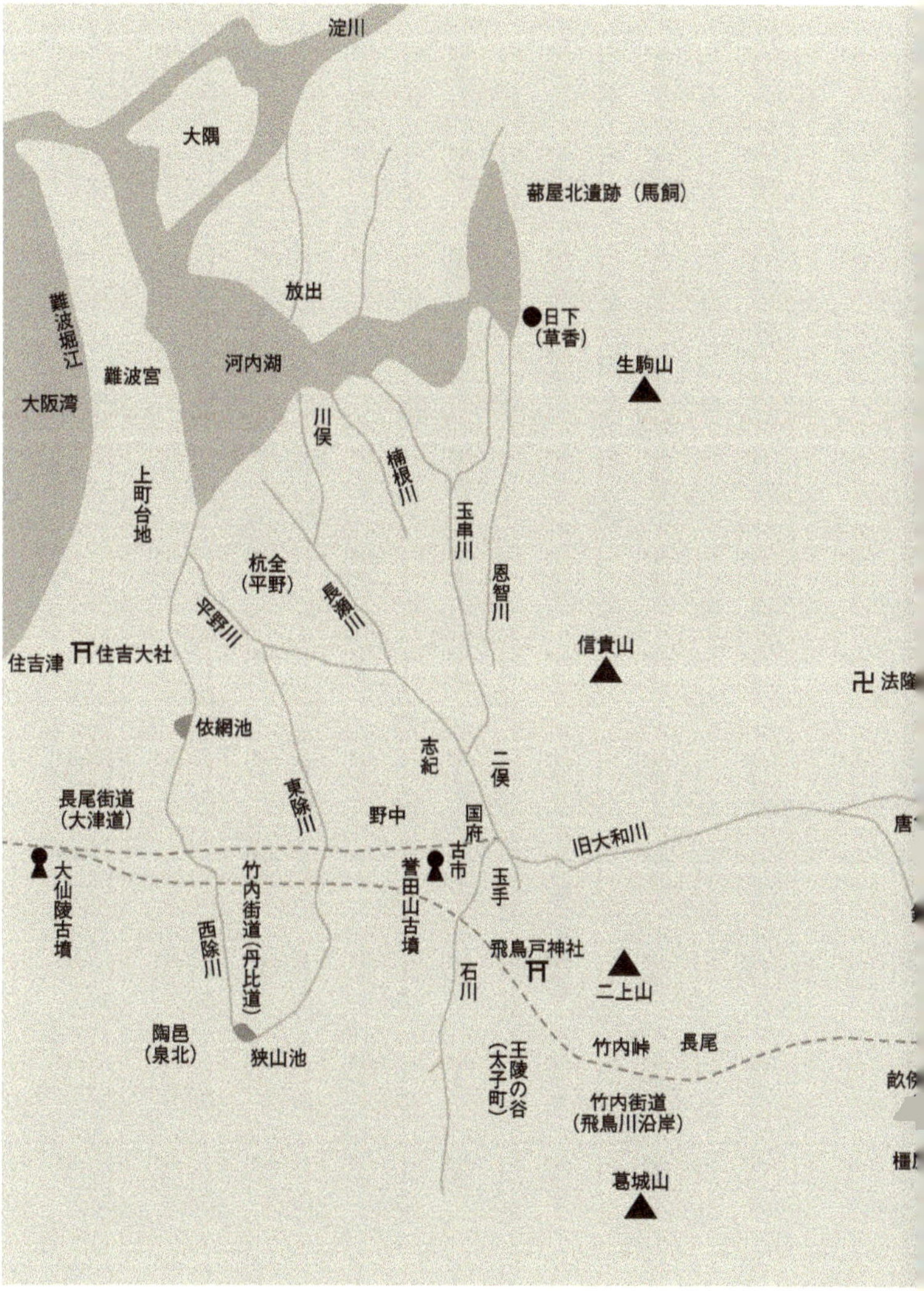

点となっていたはずなのである。

事実、こうした大阪平野（旧大和川下流域低地）の開拓を引き継ぐように、応神朝以降、さらに大規模な治水灌漑事業が急ピッチで遂行されていった。応神紀には渡来人を率いて池を整備する状況が活写されており、仁徳紀では、洪水の頻発する難波潟の一部分を開削して、排水路（航路）としての「難波堀江」の建設も行なったことがリアルに描写されている。北の郊原を掘って南の水を引き、西の海（大阪湾）に通して堀江（東西の排水路）を造成、四万もの墾田を得た、などと詳細な記述だ。こうして池、堤、津、田畑のほか、あの巨大古墳の造成工事も進行中であったわけで、並大抵の動員力ではない（このあたりの「日本人離れ」した要素がいまだに渡来王朝説のすたれないゆえんでもある）。ゆうに一〇〇万人以上もの土木労働力が数年以上の長きにわたって動員されたと言われており、大量渡来の可能性が示唆されるところである。もちろん単なる人員の数（マンパワー）だけではなく、こうした大土木工事を主導するには政治権力はもちろんのこと技術的な裏づけも必要だ。それが開墾・農業用のU字鍬（鋤）のような半島系の**製鉄技術**（鉄製農具）であり、それを運用する**土木・農業技術**や**灌漑技術**である。

このように「ヤマト」という狭隘な領域で執行されてきた5世紀の王権が、スムーズに河内へと移行するには、それなりの支援者や受け入れ態勢が河内エリアに存在していなければならない。たとえばのちに応神が政務を執ったと言われる大隅宮は、東淀川区が比定地として有力だが、ずいぶん北に位置しているという実感も持つ。ここらまで来ると河内を越え摂津国だ。要するに巨大古墳が造営された古市・百舌鳥エリアよりもさらに北の地域なのである。となると、はや崇神王朝の時期にも大阪平野に対して先鞭をつける開拓の動きがそれなりになければならないはずである。

ではそんなふうな開拓をめぐる記述が応神以前の『書紀』にあるだろうか？　答えはイエスだ（記述自体は、応神紀、仁徳紀に比べると少ないけれども）。実際に崇神紀には、灌漑用の池溝として依網池の造成など特記され、垂仁紀には垂仁の子のイニシキイリヒコ（讃）が河内国に派遣されて、高石池（高石市）、茅渟池（泉北）を造成したという記事がある（また『古事記』ではやはりイニシキイリヒコが狭山池（大阪狭山市）、日下の高津池などの灌漑用水池を造り、さらに「河上部」を定めたとある）。なお和泉市の男乃宇刀神社はそのイニシキイリヒコが領有した地所であり、イニシキイリヒコが神武らともども祀られているのもちょっとした大阪開拓団の途上の痕跡である（なおイニシキイリヒコの拠点も阪南市にあった「茅渟の菟砥河上宮」）。

イニシキイリヒコ（讃）はホムダマワカ（済）の大伯父でもあり、ちょうど「讃珍済の時代」にかけて、崇神王統の後継者らが大阪平野に対して版図拡大をめざし、池溝など社会基盤を設けていった様子や過程がこうした履歴記事に窺えるわけだ（通説では「済」はホムダマワカではなく允恭天皇と等置されるが、允恭は茅渟宮を営んだとされ、『古事記』によれば允恭朝ではじめて「河部」が定められてもおり、5世紀の大阪平野における治水・開拓事業の反映が見られる）。世代として図示すればこうなる。上が架空の、下が実際の王である。とくに類比関係が整理されるはずだ。

履中――5世紀前半――イニシキイリヒコ（河上部）　＝讃
允恭（茅渟宮／河部）――5世紀中盤――ホムダマワカ（＝咋俣長日子王）／仲哀　＝済
雄略――5世紀後半――応神　＝武

重要なのは「允恭―雄略」「ホムダマワカ―応神」はそれぞれ親子でもあり、各世代が低湿地の「河」に対して事業を継承しつづけている点。イニシキイリヒコ（讃）がすでに垂仁の命令によって先鞭をつけていた河内の湿地帯において、次世代のホムダマワカ（済）は土地の基盤整備をつづけ、勢力範囲を拡充していって、のちの興・武（応神）に橋渡しをした。

なお石渡がホムダマワカと等置した尾張連草香の「草香」も、草香江（河内湖、難波潟）と同名要素があり、やはり河内の開拓地そのものを名前に持っているのは見落とせない。

ちなみに応神の父は正史『書紀』では仲哀天皇であるが、その和風諡号は「タラシナカツヒコ」であり、これと「咋俣長日子王／（クヒマタ）ナガヒコ」＝「河派仲彦／（カハマタ）ナカツヒコ」はともに抽象的でそっくりだし、仲哀の「仲」といい創出感があると言われている。仲哀も咋俣長日子王（＝河派仲彦）も応神の一世代前（それぞれ父と義父）という意味で共通しており、仲哀の陵墓が恵我長野西陵（岡ミサンザイ古墳）とされて川筋の多かった今の藤井寺市に位置しているのも関連性を強く示しているだろう。「**ナカツヒコ**」の代になって土地（農地）開発事業は加速したはずだ。

このように応神以前の河内情勢、すなわち一世代前の旧大和川下流域低地の様子は、「咋俣長日子王（＝河俣仲彦）＝尾張連草香」という名前（「咋俣」「河派」「草香」）に象徴化されており、仲哀は咋俣長日子王＝河派仲彦のまさに分身であると見なすことができる。だからこそ石渡説と異なって、咋俣長日子王（河派仲彦）は興（＝凡連）よりも、済（＝尾張連草香＝ホムダマワカ）に一致しやすいと私には思われるのだ。なにより「実力者」のイメージは、昆支を婿入りさせた済（ホムダマワカ）のほうが興よりも強い。済は安東大将軍（第二品）を除正されているが、興は安東将軍（第三品）どまりだったことにも対外的な勢威の差を感じざるをえないところである。内政の進展度も若干低調だったのが、興の跡目に済の婿養子の武（昆支）を推す声につながったのかもしれないと想像がふくらむ部分でもある。

最後に別口から一つダメ押しを言うと、たとえば中沢新一も、石渡理論をおそらくは参照していないにもかかわらず、古代大阪の巨大ラグーン「河内潟」を水田開発へと仕向けたリーダーが、太陽信仰をいただく物部氏＝《倭人系海人》であると明言している。異なったアプローチを採りながら、石渡と同じ方向性で、《河内の王》としての物部氏の重要性を中沢は語っているわけである（『アースダイバー　神社編』）。この《倭人系海人》の元々のリネージ（出自）は半島であり、日神すなわち「ホアカリ＝ニギハヤヒ」を奉祭する尾張連氏・物部氏が、渡来後に倭で崇神王家となっていったことは記してきたとおりだ。

応神・継体が婿入りした「倭王家」の実相――大阪平野の「二大古墳の時代」へ

ホムダマワカを咋俣長日子王に等置してみたので、次いで、その咋俣長日子王と尾張連草香との関連性や類似性について考えてみたい。この両者に相通じる点として、まず「咋俣」そして「草香＝日下」に象徴されるように大阪平野と深くかかわりを持つところである。そしてその大阪の地において、それぞれ強力な大王に嫁を提供している。すなわち、咋俣長日子王の娘を娶ったのが応神であり、尾張連草香の娘を娶ったのが次の6世紀の大王・継体である。のちに大阪平野は継体のホームグラウンドともなる。この婚姻を一歩進めて「婿入り」と読み、咋俣長日子王と尾張連草香を等置して分身的人物同士と見なすならば、ホムダマワカ（＝済＝咋俣長日子王）に婿入りした応神と、尾張連草香に婿入りした継体は、「同一の強大な王家」（倭王家）にダブルで婿入りした兄弟という姿が改めてあぶり出されてくる。応神と継体の兄弟を引きはがして記録したのは、『書紀』が企んだ幾つもある工作のうちの最大クラスのものだ。

そもそも、『古事記』では応神は品陀和気命《ホムダワケノミコト》という名を持つが、その「義父」の名が品陀真若王《ホムダマワカノミコ》と類似しているのはいかにも奇妙。正規には「仲哀—神功皇后」という黄金カップルの「男系」皇子たる応神だというのに、義父の名前に影響を色濃く受けすぎている点だけでも不自然極まる。応神は男系の仲哀からの出自ではなく、別の王家に婿入りしている事実を、『古事記』がそのまま暗示して忍びこませたと見るほうがずっと妥当ではないか。

済（＝ホムダマワカ）を、尾張連草香や咋俣長日子王といった分身的人物に複数化して記録に残すことで、応神・継体の「同一の王家（倭王家＝崇神王家）」への婿入りを隠蔽し、異世代にわたってそれぞれ別の家に婿入り（嫁取り）したかのように見せかけた。「第一の降臨」を成し遂げた「倭王家」の実相——有能なふたりの婿たちを抱えた懐の深い加耶系の王族——を、記紀はヴェールに包んでしまい、崇神・垂仁のような皇統譜を残しつつも、尾張連氏・物部氏などの姻族として同時代に取りこんでいった。結果として、崇神王家は今の天皇家（継体系）と万世一系でつながったし、断絶感もないようになんとか見えている。崇神の勢力である尾張連氏周辺もすっかり尾張地方の一氏族のように仕向けられてしまったが、日神を祖神とするこの旧王家（尾張連氏・物部氏）の重みまでもが完全に払拭されることはなかった。

継体と大阪平野という点について言えば、たとえば継体が即位したのは河内の樟葉宮（枚方市樟葉）であり、その大王墓は太田茶臼山古墳（三嶋藍野陵　茨木市）と治定《じじょう》されているが、近年では継体墓を今城塚古墳（高槻市）に比定するのが通説化している。継体は「大阪」に縁があるということだ。ただこの今城塚古墳は苦しまぎれの凡庸な陵墓比定にすぎない。継体の本質をまだ見誤っている。そこで石渡説では、かの大仙陵古墳（伝仁徳陵）をこそ継体の陵墓と見ている。あれだけの巨大古墳の被葬者となると、該当しうるのは継体しかいないというわけだが、一番は応神陵との関係性に理由がある（後述）。

現状、あの大仙陵古墳を学界は完全にもてあましており、本質論を敬遠している印象すらある。なぜそうなってしまったかと言うと実にシンプルな話で、誉田山古墳も大仙陵古墳もせいぜい西暦400年から5世紀前半くらいまでの築造年代だと見るのが通説となっているため、その時期のめぼしい該当天皇がいないのである。「倭の五王」で該当者を探そうとなると、5世紀前半時期なら、せいぜい「讃珍済の時代」までしか射程に入れることができぬ。

しかし「済」は通説だと允恭天皇であるが、允恭の事績を記紀に読んでみて、はたしてあの二つの巨大古墳のうちのどちらかの被葬者だというイメージを覚えるだろうか？　それはどだい無理な話というもの。時に文献史学者は考古学者の文献スルーの姿勢を批判するものだが、文献史学者も「実感」として首肯できない文字情報にこだわりすぎて文脈を読みちがえ、ピンボケの絵図を描くことがままある。それがこの二つの巨大古墳の比定にも顕著にあらわれている。

ここで一つの科学的な見解を紹介する。たとえば地理学者の日下雅義は、先にふれた難波津の堀江開削（仁徳紀）の時期についてこう書いている。《（堀江は）五世紀中葉から六世紀のはじめにかけて開かれた可能性が大きい》と（『地形からみた歴史　古代景観を復原する』）。つまり、この時代というのが、ちょうど記紀にある応神・仁徳が大規模な土木事業を行なった時期に相当するはずである。

こういう異分野からの示唆が提起されたときは、その《五世紀中葉から六世紀のはじめ》のころに即位している天皇がだれか——というふうに『書紀』上の西暦から割り出すような的はずれな行為はくれぐれも自重しなければならない。この場合、大規模な土木事業が載っている記事がいったいどの「天皇紀」にあるかを探るべきであり、それこそが応神・仁徳の事績ということになる。そうなれば二大古墳の築造時期も《五世紀中葉から六世紀のはじめ》のなかに該当させなければかえって奇妙であろう。「寿陵」といって生前から陵墓築造を行なうのも常だから、在世期間の最後と築造時期は重なるのである。このように隣接科学が横合いから本流の迷走ぶりに待ったをかけるようなこともままあるのだ。学問はどうしても縦割りの悪弊を生むため、タコツボ的に視野が狭くなりがちである。石渡は、ざっと誉田山古墳が5世紀末から500年前後、大仙陵古墳を510年前後の築造と見ている。

以上、二つの渡来勢力が鉄製農具をもたらし灌漑技術で大阪平野の大規模干拓事業を推進していった状況を見、ついでに二大古墳の問題にもふれてみたわけだが、その一方で、倭の人びとの生活必需品のほうはどうなっていったのかという地味ながら大事な問題がある。一番わかりやすい影響関係が見られるのが土器の存在だ。4世紀の後半に崇神の一派が倭に渡来してのち、それまで弥生系の土器を受け継ぐ素焼きの「土師器」が流通していた列島に、半島の陶質土器の影響を受けて、青灰色の「須恵器」が生産されるようになっていった明瞭な跡がある。

たとえば『ヤマト王権』において吉村武彦は、この須恵器の変遷について、第一人者の酒井清治の言説を引いて、こうまとめている。《須恵器の生産は、(1)五世紀初頭、西日本を中心に各地で多元的に須恵器の生産が開始された時期、(2)陶邑《すえむら》窯群跡を中心とする生産の仕組みが整った時期がある(「須恵器生産のはじまり」)。この二段階の生産時期のうち、(1)の時期の製品には伽耶、(2)の時期の製品には栄山江流域の影響がみられるという。須恵器の生産においては、朝鮮半島南部の強い影響があった。》

注目したいのは、この酒井—吉村の示す二段階が、石渡説による加耶系勢力の渡来時期とその後の百済系勢力の渡来時期にそれぞれぴったりと対応している点。4世紀の後半以降に倭で王権を樹立した崇神王朝に牽引されて、加耶色の強い須恵器が西日本を中心に生産されていったこと(5世紀初頭)。そのあと今度は、5世紀の後半以降、陶邑古窯群跡(泉北丘陵)の大量生産に代表されるように、百済系(栄山江流域)の須恵器が第二段として生産されていったというありようだ。よほど大量の工人が半島から渡来してきていたのであろう、雄略紀には「新漢《いまきのあや》」である陶部高貴、鞍部堅貴など様ざまな百済系渡来人が倭に押し寄せてきている様相が見える。ここには単なる移住では解せぬ政治的な意志（政策）が垣間見られるはずであろう。五王の5世紀後葉には陶邑古窯群跡がフルで機能していたことが察せられる。

最初に加耶系の須恵器が、次いで百済系の須恵器がというふうに、この二つの須恵器の明瞭な差異が、新旧二つの渡来勢力（二重構造）の強い明証となっているだろう。

応神天皇（200年～310年）が本当に生きた時代は？

ここで改めて、応神天皇をめぐる基礎情報を確認してみる。在位期間などから応神の史的位置づけに迫ってみたい。この本書の主役は、『日本書紀』によれば西暦200年に誕生し、270年に即位、310年に崩御したことになっている（『古事記』では一三〇年生きたことに）。七十歳で即位というのも百十歳で死去するというのもあまりにリアリティーが薄すぎる。応神の一生については、第3章で干支を踏まえた数値的アプローチを行なうつもりなので、ひとまず措くとして、肝心なことはその即位時期はじめ応神紀の時代設定であり、つまりは応神が本当はいつの時代の人物なのかという点だ。

現在、「応神の時代」を200年からの約一〇〇年と本気で考えるまっとうな研究者はさすがにいない。その陵墓にせよ、『古市の誉田山古墳はやはり応神の陵墓だろうね……』という漠たる空気のような考えが学界を覆っているイメージであって、前述したようにその活動時期も、4世紀後半から5世紀前中半あたりのどこかで活動した大王であろう、という程度のぼやけた共通認識があるのが現状であろう。

ところが応神のこの活動時期に関しては、『書紀』記事や『三国史記』の史料解読でかなり明瞭な時代が浮上してくる。それがたとえば石渡が読み解いた以下のようなアプローチによるものだ。

『書紀』応神二十五年（**294年**）には、《百済の直支《とき》王が薨じた。その子の久爾辛が王となった。王は年が若かったので、木満致が国政を執った。王の母と通じて無礼が多かった。天皇はこれを聞いておよびになった。》とある。

この直支王の崩御と久爾辛王の即位は、朝鮮半島史を描いた『三国史記』（「百済本紀」）では、**420年**のこととされている（つまり一二六年差がある）。

またこの『書紀』記事には「木満致」の悪評を聞いて天皇が（倭に）呼び寄せたとまであるが、この人物は、「百済本紀」に登場してくる「木劦《もくきょう》満致」（もしくは木劦《もくらい》満致）とイコールとされる。『書紀』ではなにやら不逞の輩扱いされ天皇から本国に呼びつけられてさえいる木満致だが、「百済本紀」での様子はだいぶ異なっており、むしろ忠臣のように見える。

というのも、475年、蓋鹵王の漢城が高句麗軍に攻められた際、蓋鹵王が文周王に避難を命じたため、文周王は木劦満致と祖弥桀取《そみけつしゅ》とともに南へ行った、という記事があるからである。「南」とは印象的な表現でこの文脈で倭と見ることも可能。だからこの「木満致」の渡来記事（天皇に呼び寄せられた／**２９４年**）と「木劦満致」が南に行ったという記事（**４７５年**）の差は一八一年であり、これは干支三運（干支一運＝六〇年で、その三倍）を繰り上げているということになるわけである（正確には干支三運［一八〇年］＋一年）。

　さて、このように同一内容と思しき重複記事が応神紀と海外文献で年代が異なって記載されている事例は、ほかにもまだまだ複数ある。また応神紀とほぼ同じような内容の記事が、まったく別の天皇紀（たとえば雄略紀）などにやはり時代を下らせて書かれていることも多いのである。「時代を下らせる」というのはむろん応神紀から見た場合であって、実際に起こった事柄を応神紀の時代へと古くさせたわけだ。とくに上記の直支王の死亡記事の例では実際の崩年（４２０年）よりも干支二運（一二〇年＋六年）以上が引き上げられ古く記録されている。

　このことがなにを意味するかは明瞭であろう。上の例なら、「木満致」＝「木劦満致」と考えた場合、本来「木満致」という血の通った実在の人物が生きていた時代は、応神朝（２７０～３１０年）ではなく、ずっと時を下らせた４７５年が正しいということであり、その４７５年は雄略朝であるわけだから、そもそも応神紀の主役たる応神が生きた時代だって４７５年ごろだろうと考えたほうが自然だというわけである。反対から言えば、雄略は存在せず、本来は「応神の分身」

なのではないかという推測が提起されうるはずなのだ。

干支三運の秘密

ここで、結論を言う前に念のため「**干支**」のシステムについて語っておきたい。「十干」（甲乙丙丁戊己庚辛壬癸）と「十二支」（子丑寅卯辰巳午未申酉戌亥）を組み合わせた六〇通りの周期のことである。あの甲子園球場の「甲子」というのはそれぞれの頭の「甲」と「子」を組み合わせている。十と十二の組み合わせだと六〇で一巡するため、人生行路において元に還ることを「還暦（六十歳）」というのは知られているとおり（干支一運）。この干支を古代アジア世界はカレンダーや方位として使いこなしてきた歴史がある。当然だが、西暦で年数をカウントする技術は日本には伝わっていないはずなので（知られてはいたとしてもオフィシャル化されなかったので）、たとえば「西暦471年」というかわりに、「辛亥年」という言い方しか古代世界では表記されえない。また西暦とちがい、唯一で一回的な「年」度を表現できぬため、辛亥年は、西暦471年なのか531年なのかはわからない場合がある（そのために多くの古代史論争が繰りひろげられてきた）。

同じような干支三運の例はほかにも応神紀にはある。応神三十七年（306年）には、中国の呉国に「縫工女」を求めた倭に対して、呉の王が《工女（縫女）の兄媛・弟媛、呉織・穴織（あなはとり）の四人を与えた。》という記事がある。一方、雄略十四年（４７０年）には、《身狭村主青《むさのすぐりあお》らは、呉国の使いと共に、呉の献った手末《たなすえ》の才伎《てひと》、漢織（あやはとり）・呉織（くれはとり）と衣縫（きぬぬい）の兄媛・弟媛らを率いて、住吉の津に泊まった。》という記事が見られる。見比べると一目瞭然だがまるで〝コピー＆ペースト〟して使いまわしたかのようなこの記事の時代差は、一六四年分である。

　このように、『書紀』は雄略朝の時期（５世紀後半）に本当に起こった出来事を、応神朝の事績としてことさら古くし、それを応神紀に埋めこんで記載している。ということは、真の実年代に行き着くためには、応神紀の時代設定に、一八〇年ほど年代を下らせる、すなわち「足し算」をしてやればいいというわけなのだ。

　具体的に言えば、２７０年に即位して３１０年に死んでいる応神には、単純に約一八〇年を足してみて、本当は４５０年前後あたりから活躍し４９０年前後に崩御している天皇なのではないか、という〝人間・応神天皇〟へのリアルな視点を持つべきなのである。こうした『書紀』による数字の詐術を踏まえて、古代史を再構築することが肝要になってくる。これが応神紀における〝干支三運の秘密〟でありその解である。ことに干支をめぐっては、まだどえらいマジックが『書紀』編纂には行なわれているので、第３章で詳細を語るつもりだ。

雄略天皇画期説の「終わり」の始まり

では、ひとたびこの応神を、5世紀末にかけて生きそして奮闘していたリアルな大王であろうと推定してみると、どういう事態が見えてくるだろう？　倭の5世紀末の大王といえば、478年に宋へ遣使上表し、「安東大将軍」の爵号をはじめ四爵号すべてを受け、翌479年には「鎮東大将軍」（南斉より）、さらに502年には「征東将軍」（梁より）へと進号されるという事績を持つ倭の五王の最後のひとり――「倭王武」のイメージが浮かんでくるはずであろう。

『日本書紀』ではこの時代は雄略朝（456年～479年）にあたるため、すっかり、武を雄略と結んで事足れりとしているのが日本古代史の実情である。応神は前節で説明したように「干支三運」を前倒しされて200年代の人物として記載されており、もとより記紀などで綴られる雄略朝の出来事は真の応神時代の反映にほかならない（一番典型的なのは、昆支が来日した模様が描かれているのがこの雄略紀にあるような具合）。

ここでは、「武＝応神天皇」説を敷衍する前に、厄介な「武＝雄略」説はじめ、応神の虚像としての雄略天皇について語り、幾つかの問題点を片づけてしまおう。通説としての「**雄略画期説**」が根深いからである。

まずこの武＝雄略説には史的な難点がある。『梁書』武帝紀によれば、武は502年に梁から「征東将軍」に進号されているのだが、この時に肝心の『書紀』では雄略はとっくに崩御していることになっている（崩年479年）。この点に対する世の歴史学者たちの言い訳めいた説明は失笑さえしかねないようなものだ。曰く——梁朝は期待をこめてこの進号をいわば勝手にしたのであって、倭としてはまったくあずかり知らぬことである、というようなものである。ずいぶんと御都合主義的な解釈が施されているわけだ。

そもそも、雄略は粗暴で卑しいイメージばかりが目につき、「主人公感」がなさすぎる。あの武の宋への上奏文にあるような格調をその事績にどうにも感じ取れない。たとえば志幾大県主《おほあがたぬし》の立派な御舎（天皇のそれに似せたと不寛容な態度で見て取っている）に雄略が反感を持って放火するなど（『古事記』）、卑小で傲慢なメンタリティーが際立っており、律令国家の編史官たちもそれを隠そうともしていない。

しかも悪いことに、学界の通説では武のほかに雄略は「ワカタケル大王」（稲荷山鉄剣銘文）とも等置されている。ここが決定的に、学問としての古代史の蹉跌（失敗）になってしまったと思われる。この等置があることで、ワカタケル大王は5世紀後半の人物として固定化されてしまい、自由な議論を阻害した（さすがにこの〝守旧派〟の説に対して疑問を投げかけるアカデミズム内部の声も少なくはない）。

周知のとおり、稲荷山鉄剣銘文とは**稲荷山古墳**（埼玉県行田市）から出土した鉄剣に金象嵌で彫られた一一五文字のことであり（金錯銘鉄剣）、そこには「**辛亥年**」という年号とともに「**ワカタケル大王**」（獲加多支鹵大王）という王の名前があった。ワカタケル大王はその名前から通説では「大泊瀬幼武尊」（『書紀』）、「大長谷若建命」（『古事記』）と名前を記される雄略に相当させられ、金石文にある干支（辛亥年）も、5世紀の雄略に合わせられて471年と見なされることが多かった。

しかし雄略はヒロイックな漢風諡号とは裏腹に「大悪天皇」とも呼ばれ殺生の多い天皇である。辛亥年をめぐる論争でも干支一運を遅らせ、531年こそが該当するはずだという声もいまだに大きい。471年では辻褄の合わぬことが多すぎるからだ。たとえば「獲」の字は、通常の古代史本でも「獲」とまちがえて印刷され読者にも覚えられているきらいがあるが、そもそも草冠が怪しい感じである。471年時点では中国ですら用いられていない「異体字」であるという井上秀雄の指摘も重要で、471年説の命脈はその実、ごくもろいところに乗っかっているのだ。

同じように、「ワカタケル大王寺在斯鬼宮」という銘文における「寺」を通説では役所と解釈せざるをえないのだが、それは単純に471年説では仏教伝来がないから、寺を仏教寺院に解釈できないからにすぎない。これを531年説にすれば、ワカタケル大王には仏教を篤く敬う名君のイメージも生じ、百済聖明王の信仰ぶりとも響きあう。聖明王から倭は仏教を受容したのは知られているとおりである。石渡は聖明王が527年に大通寺（熊津）という仏寺を創建していることを、この傍証に挙げている（『蘇我氏の実像』）。

昨今、471年説がちょっと苦しくなってきているのは、固定化されすぎてきた土器編年をめぐる動きに変化が見えてきており、出土物の比較検討も進んできたからだ。稲荷山古墳では、その頂上の礫槨から副葬品が出土しているのだが、古墳時代後期以降の代表的な装飾馬具であるf字形鏡板付轡《くつわ》や三鈴杏葉《さんれいぎょうよう》が見つかっている。これらの出土物は編年的にMT（陶器山）15型式のほうに近く、製作年代は6世紀前半に及んでいる。同じくもう一つの「ワカタケル大王」（獲□□□鹵大王）銘文が刻まれた銀象嵌銘太刀の出土した**江田船山古墳**（熊本県）を見ても、その副葬品の多くは5世紀後半というよりは6世紀前葉の出土物だと認識されているため、ワカタケル大王の治世が6世紀前半にわたっていたことには十分な物証すらあるはずである。この江田船山古墳には古墳時代後期に特有の横口式家形石棺（横穴式石室内の）があるように、時代的に5世紀代にまで遡りうるとは思われず、その巨石を用いた築造技術の難しさを加味しても、6世紀のものと見たほうがずっと合理的だ。

須恵器編年の大家である田辺昭三はかつて、《（稲荷山）鉄剣の製作年代を示す辛亥年を四七一年とすれば、高蔵四七型式は四七一年を遡らず、また辛亥年を五三一年とすれば、高蔵四七型式を六世紀中葉まで下げて考えなくてはならない。》と書いていた（『須恵器大成』）。

ここでのＴＫ（高蔵）４７型式は、近年の若い研究者のなかには6世紀前半まで（新しく）時代を後ろに伸ばし捉え返してきている実情もある。ここで改めて奇妙に思わざるをえないのは、相対的にいくらでも動いてしまう〝編年〟というものの脆弱さである。だから石渡はそれならばと、この田辺の文章を逆手に取るような形で、辛亥年を５３１年とすれば、ＴＫ４７型式が六世紀中葉にまで下がるという点を拾い上げ、逆にＴＫ４７型式に５５０年という年度をあてている（『百済から渡来した応神天皇』）。

また、肝心の泊瀬朝倉宮が武＝雄略の「宮」というには狭隘な地にあり、きちんと発掘されていないのも弱いところ。それについて木下正史は、《倭国王の宮殿遺跡は、残念ながら未発見である。わずかに、奈良県桜井市脇本遺跡で発見された大型掘立柱建物が雄略大王の朝倉宮の一部かとされる程度である。五世紀の王宮の解明は、考古学上の大きな課題として残されている。》（『倭国のなりたち』）と２０１３年の書籍で述べている。

にもかかわらず、武やワカタケルを雄略その人と見なすこの事態はずっと再生産されつづけ、あの「雄略画期説」（岸俊男ら）も優勢でありつづけてきた。だが、その終焉もようやく近づいてきたように思われる。

〝教科書史観〟の定番「雄略＝武＝ワカタケル大王」はなぜ誤りか？

縷々《るる》語ってきたように、「雄略＝武＝ワカタケル」説は、和風諡号「大泊瀬幼武」を背景にした根拠の薄弱な砂上の楼閣のようなものにすぎない。

「幼武とワカタケル」が等置されるのならまだしも、「武（タケル）とワカタケル大王」、あるいは「武（タケル）と幼武」が等置されるなどというのでは言語的な違和がありすぎ、解釈のセンスが悪すぎる。「幼」あるいは「若」という字にこめられた世代的な段差の意味がまるで考慮されていないからである。こうした違和感が解消されるには、石渡による「ワカタケル大王＝欽明」説を待たなければならなかった（後述）。

その他、古墳がらみの話もある。

たとえば網野善彦は、1997年の時点で、《「倭の五王」が巨大古墳に葬られた河内地域の「大王」であったことは間違いない。》とはっきり語っている（『日本社会の歴史』）。

河内地域の倭の五王、とくに五人目の「武」が通説どおり雄略であったとするならば、それ相当の「巨大古墳」に葬られていなければ割に合わない。ところが現状の陵墓比定において、最強扱いの雄略なのに、誉田山古墳とも大仙陵古墳とも「重なる要素」が全然ないのである。つまり「武＝

雄略」のままでは、なんとこの巨大古墳が二つとも〝余って〟しまい空き家になってしまうのだ。古代史研究の現状が誉田山古墳について5世紀前半までという曖昧な築造時期にこだわっているために、誉田山古墳の被葬者にもっともふさわしいはずの武を、それと比定できなくなっている。これが「実感」そして常識からも乖離している古代史研究全体（文献史学も考古学も）の迷走ぶりにほかならない。

このように宙ぶらりんになっている「誉田山古墳と大仙陵古墳」という「二つの巨大古墳」は、いわばリトマス試験紙のようなもので、ここで研究者の「史観」が試されてくるようなものだ。それらにもっともふさわしいはずの「応神と継体」を理知的に割り出し、同時に有機的な両者の関係性を推理してゆく視座が必要だ。おかしなことに「応神＝誉田山古墳（応神陵）」説という名前どおりの従来説は、まったくもって正しいにもかかわらず、二重の意味で不明瞭さを伴っている。一つは上記した築造年代の誤認。もう一つは応神が『書紀』で3世紀の人物とされている点。こうした不明瞭さを明瞭さへと変えるためには、干支三運の秘密を素直に解き、築造年をきっちり５００年前後へとシフトするしかない。

たとえば小林惠子は近年、昆支を雄略と等置しており、同時代に援護射撃がついに出てきた（『古代倭王の正体』）。この場合、必然的に、昆支は――「雄略＝武」だろうから――武とも同体となるはずだ。こういうふうに真相が隠されようもなく世ににじみ出てきているのを私は感じざるをえない。林順治風に言えば、「隠されているもので知られずにすむものはない」（「マタイ伝」）という黙示そのものである。

誉田山古墳は**誉田八幡宮**を抱えており、地元では「**八幡さま**」もしくは「**コンダさま**」と親しみを持って呼ばれている。その昔からの「応神陵」の名前どおり、誉田山古墳の被葬者を応神に相当させて、その際、「応神＝武」と捉えさえすれば、あの勇猛な「武」の大王墓もきっちりと名指すことができる。そうして武＝応神天皇の大王墓が誉田山古墳だと比定できれば、かの大仙陵古墳の被葬者のことも見えてくる。そこでの最大のポイントは、誉田山古墳（日本二位）と大仙陵古墳（一位）がまるで「兄弟」のような陵墓だという見立てである。被葬者同士の近い関係性がしのばれるわけだ。やや俗なたとえを使うなら戦艦大和と戦艦武蔵のような親近ぶりである。

そんな「応神・継体＝兄弟」説を確かめるためには、古代屈指の難解な金石文――国宝「隅田八幡鏡」（隅田八幡神社人物画像鏡）――について検討してみなければならない。いかに石渡がこの金石文を解読していったか、そしてその驚きの真相を次章で探ってみたい。

第2章　「日十大王」の暗号

――「応神＝倭王武＝昆支」説の真実味

昆支、来日――『日本書紀』と『三国史記』の意味深長な差異

第2章ではこの長編論考の肝にあたる隅田八幡鏡とその銘文について語ってゆくが、その準備段階として、石渡説が全面的に焦点化しているこの昆支という百済王子が、倭に渡ってきた経緯について、『書紀』と『三国史記』からおさらいしておこう。

歴史的な事実として、応神天皇そのものだと石渡が見出した百済王子・昆支は、461年に来日したことが雄略紀に記されている。この来日においては複雑な状況が昆支を取り巻いていた。当時の百済では、昆支の兄である**蓋鹵王**《こうろ》が第二十一代の百済王であった。蓋鹵王の父が第二十代百済王の**毗有王**《ひゆう》で、昆支はその次男である。ちなみに蓋鹵王は472年に北魏の孝文帝に上表文を送っているのだが、このなかで臣下の自分は高句麗とともに「**夫余**《ふよ》」(中国東北部のツングース系北方騎馬民族)の出自(源)であることを明らかにしている(高句麗の始祖である朱蒙もこの夫余出身)。このように百済王家は夫余出自だが、百済の人民は夫余族というわけではなくいわゆる韓族中心であることに注意。

さて、この百済王(兄)からの命令を受け、昆支は軍事的同盟関係にある倭の大王に「仕える」ために倭に向かった。いわゆる「人質」の意味合いは薄く、受け手の倭王らも来日する百済王子た

ちを気にかけ、百済に帰す時などは厚い配慮を寄せたことが史書からも垣間見えている。その後の移り行きを『書紀』（雄略紀）と『三国史記』記事からまとめてみよう。

来日の際、昆支は蓋鹵王に向け意外な申し出をする。なんと蓋鹵王の婦人を賜りたいというのだが、すでにその「婦」は孕んでいたのだ。もしも子が生まれたら国に送り返す約束で、昆支らは百済から倭に旅立った。案の定、女は産気づき、筑紫の加羅島（唐津市沖の加唐島）で出産する。生まれた男の子は島生まれゆえに「**嶋君**《せまきし》」と命名された（のちの百済武寧王＝**斯麻王**である。ただし武烈紀では嶋君は昆支の実子）。

この嶋君は国に帰されたが、その後、昆支は河内の飛鳥に居住した。そこで五人の子どももともども暮らしていたが、そこから十数年後、風雲急を告げる。475年に兄・蓋鹵王の漢城が、宿敵の高句麗によって攻め落とされ、蓋鹵王も殺されてしまったのだ。これ以上ないような衝撃の展開……である。

百済では、昆支の叔父（昆支の母の弟）である文周王（『三国史記』では蓋鹵王の子）が熊津《ゆうしん》に遷都し、そこで即位した。昆支は早くも458年の時点で「左賢王」だったから、王位に近いナンバー2である（匈奴のような騎馬民族国家に見られる官位の一つで実質、跡継ぎ。百済王室が騎馬民族系であった一つの証左）。その後、『三国史記』によれば昆支は477年四月に内臣佐平に任ぜられ、百済に帰国する。だが八月にあっけなく死んでしまう……。

昆支、死す！――これでは、石渡の応神＝昆支説はそもそも成立しないと思われるだろう。だがここには複雑な裏事情が隠されていた。

まず、この昆支が来日した461年という年代について重要な裏取りがあった。韓国の公州（百済の王都）で武寧王の陵墓が発掘され、しかも墓誌までもが発見されたのだ。そこには「斯麻王」が523年の5月7日に崩御した事実が記されていた。逆算すると武寧王（斯麻王）の生年が462年であることが判明し、この『書紀』の父子来日話が真実であると見なされるようになったのだ。

そこで問題は、内臣佐平に就いた昆支が『三国史記』ではあっけなく死んでしまうという記事の真偽である。実は『日本書紀』によれば来日した百済王子が昆支の前にも後にも複数おり、応神紀には直支王、斉明紀には豊璋などのことが記され、彼らが帰国した事実もきっちりと書かれている。たとえば昆支の息子である**末多王**《また》（次男）が、百済王（のちの第二十四代の東城王《とうせい》）になるため479年に帰国する際も、時の大王（『書紀』では雄略）が兵器と五〇〇人の兵までつけて百済に送り届けたとある。4世紀以降の倭・百済のつながりの深さをいかにも感じさせるわけだが、ここまで詳細に記載される「帰国」記事のわりには、肝心の昆支の帰国記事が皆無なのだ。

しかも、477年に内臣佐平になるため帰国したという昆支だが、479年時にも「幼年」で大王からその頭を撫でられているような昆支の子の末多王（次男）のほか、下にあと四人は年若い子どもがいる（昆支は「五人の子」と倭に住んでいたとあるため）。それらの子どもを外国（倭）に残して昆支が単独で帰国するというのも不自然である。石渡はこの事情を検討して、昆支は百済に帰国せず倭に残りつづけた、というふうに考え、昆支＝応神説をふたたび構築した。

『三国史記』がこんな「虚報」を記したということは、次のことからも理解される。上記のような人間関係をまとめると、以下の図10になる（『書紀』『宋書』や古川政司論文「五世紀後半の百済政権と倭」などから復元した百済王族系図。丸数字は即位の代数）。

【図10　百済王族系図】

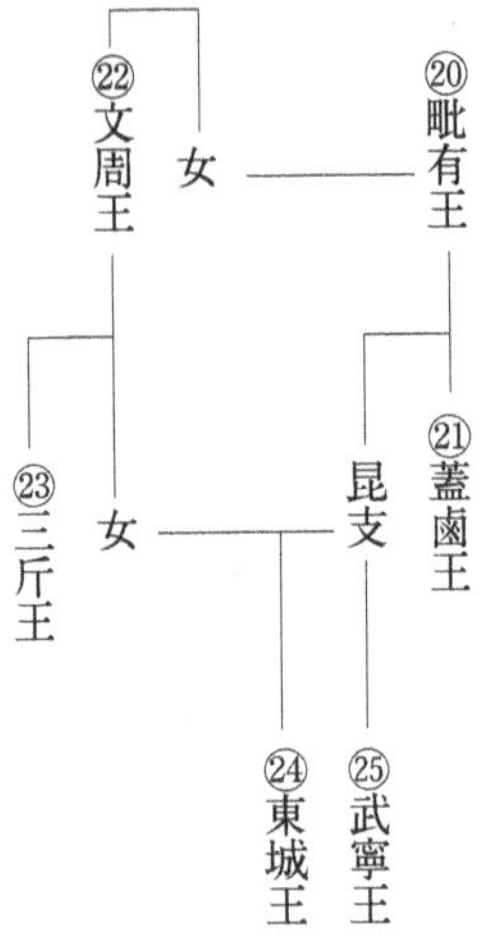

※文周王は蓋鹵王&昆支の叔父（蓋鹵王の母の弟『書紀』）

これに対し『三国史記』ではなんともハチャメチャな系図が残されている（図11）。

【図11 『三国史記』】

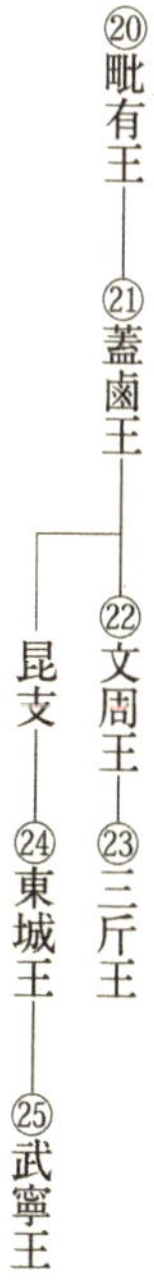

図11で昆支が蓋鹵王の（弟ではなく）息子というのはまだしも、461年に生まれたはずの武寧王が、「昆支の孫」になっており、しかも武寧王が「東城王の子」ということになれば、年齢的な逆算がずいぶん難しくなってしまう。この『三国史記』系図の要点を、石渡はこう見抜いた。すなわち蓋鹵王の死後、跡を継いだ文周王には本来、正統性が弱い（昆支はナンバー2の左賢王であることを想起）。だから「傍系」の文周王が即位する際には「蓋鹵王の嫡子」という系譜をわざわざ造作した。その情報を元ネタにして、のちに『三国史記』は書かれたのだ。もちろんそれは、《（昆支が）百済の国王となるよりも倭国の国王となるほうを選んだからと思われる。》と石渡が書くとおりで（『百済から渡来した応神天皇』）、昆支は王位に就く「権利」をいわば文周王に譲った。

当然、昆支が倭に残りつづけている事実も抹消しなければならないので、『三国史記』は例の死亡記事も造作したというわけだ。《昆支は倭国王となって百済を援助することにより、兄の蓋鹵王を殺した高句麗に復讐しようと考えたにちがいない。》と石渡はつづけ、昆支のポジティヴな姿勢を推量しているが、ここの昆支の動静に関しては、どのようにでも解釈できるメンタルの問題である。危険に瀕している故地に火中の栗を拾うように帰国して国王になるよりは、住み慣れた倭で重要な地位に就いて逆襲や生き残りを考えるという選択肢も昆支のなかでは当然ありえたはずだからだ。

十数年を昆支は倭の人間さながらに倭国内ですごしており、百済の地を長年踏んでいない分、地盤的な薄さもネックになっていたかもしれない。もちろんここまで来ると、それらはすべて自由な解釈と想像の問題である。ちなみに、百済王への即位順は、年上であるはずの武寧王よりも東城王のほうが先となっており、これは東城王が文周王の孫であるという説が説得的。百済王の座をナンバー2の昆支から譲られた形とはいえ先に即位した文周王の系譜（東城王）に優先権があるのも自然であろう。

このような経緯を踏まえ、昆支は倭王家（崇神王朝）の近傍で最大実力者となっていって、興（武の義兄）の死後、政権を継ぎ、激動の東アジア世界を入り婿の「武」として生き抜いていったというのが石渡の読み解きである。

ここを倭の五王と関連づけると、こうなる。昆支が来日した年（461年）には、済（ホムダマワカ）が崇神王朝を継いで強権を確固としたものとしており、たとえば大阪平野の開発も推し進めていた。その一〇年前の451年には「倭国王」済は宋に入貢し、「使持節都督倭新羅任那加羅秦韓慕韓六国諸軍事（倭国王）」に除正されている（『宋書』文帝紀では安東大将軍に進号）。

その後、462年には興が「安東将軍倭国王」となるのだが、ここで一つ争点がある。477年十一月には王名のない遣使があって、翌478年には倭王武によるはっきりした遣使がある。だから坂元義種説のようにこの477年の遣使記事を通説の武ではなくて興の死去する直前の最後のそれと捉える見方すらあるのだ（「倭の五王の時代」）。

その場合、雄略＝武説もあっさり崩れる（むしろ雄略が興に該当もするからだ。もっとも、そもそも雄略の在位期間は済ともかぶるのでもとより怪しい）。

ただ「興死して、弟の武立つ。（武は）使持節都督倭百済新羅任那加羅秦韓慕韓七国諸軍事安東大将軍倭国王を自称した」と『宋書』にはあるので、もちろん武が遣使した見方もできるが、この前後関係には坂元説の解釈の余地がある。昆支＝武の説に立てば、475年に兄の蓋鹵王を亡くし、おそらく470年代に興も亡くした昆支は、478年気負い立って宋に対しあの遣使上表を送ったと了解されるところである。決めつけず、両にらみしておいてよい箇所である。

なお夫余系の百済人が倭で大王となっていたとするこの石渡説にとって、ありがたい援護射撃となる出土物があるので紹介する。昆支は応神として誉田山古墳に眠っているとされるわけだが、古

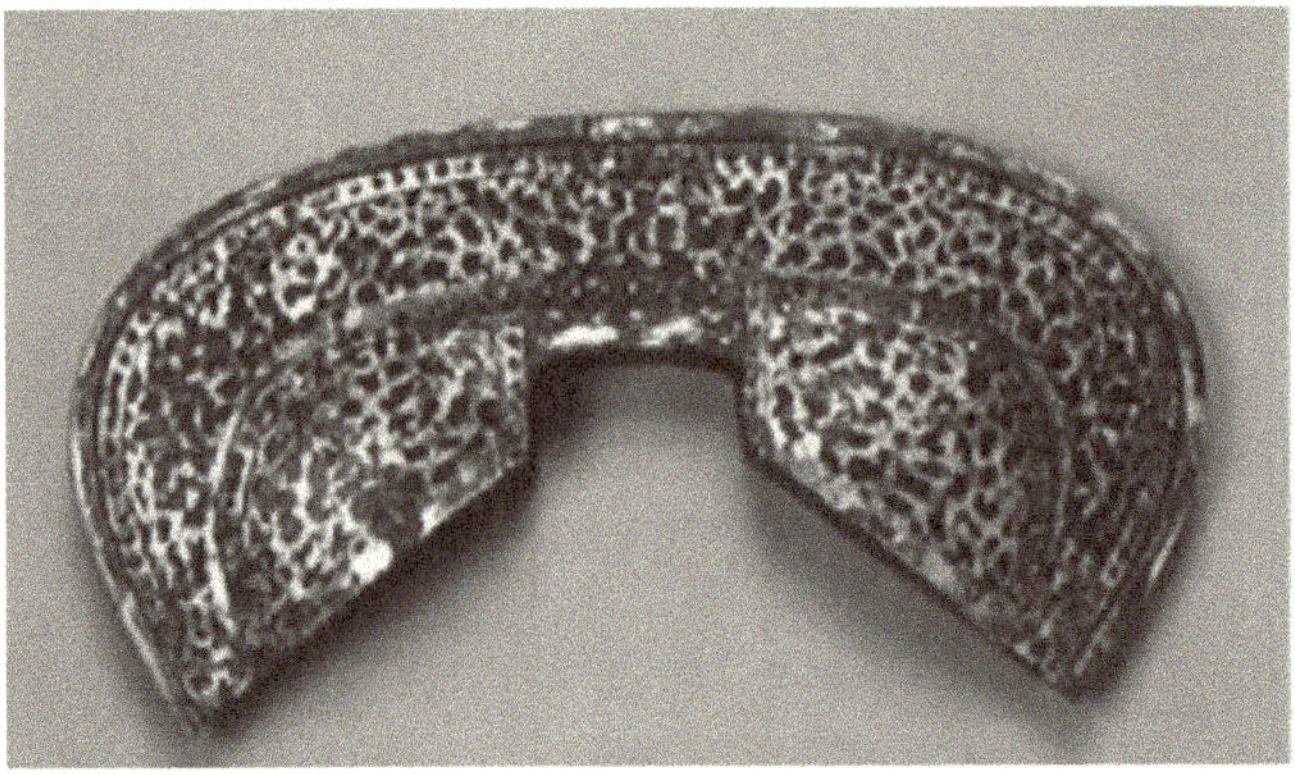

（鞍金具二号　誉田八幡宮蔵）

墳周辺からは国宝クラスの金銅製品が出土している。

一方で、遼寧省北票県にある喇嘛洞《ラマトン》墓地から出土した鮮卑系の龍文透彫製品（金属製装身具）についての研究報告が2000年代は出そろってきており、日本でもいわゆる「三燕」（4世紀、遼寧に起こった鮮卑系の前燕・後燕・北燕の総称）の文物が博物館などで紹介されるようになってきた。

このうち龍文透彫鞍金具（喇嘛洞ⅡM一〇一号墓）と言われるものが、この誉田山古墳の陪塚である誉田丸山古墳から出土した国宝の金銅製透彫鞍金具（一号鞍後輪、二号鞍前輪）とまさしくそっくりなのだ。

喇嘛洞墓地はこの三燕時代の鮮卑（慕容氏）の遺跡とされている。この龍文透彫金具の類似性ゆえ、誉田丸山古墳からの出土物は三燕（とくに北燕）からの移入品とする見方がある。少なくとも直接的な系譜・影響関係はもはやどの考古学者も否定できないところまで来ているだろう。

北燕は407年に滅亡しており、その前に高級馬具の系譜や影響が遼寧省あたりから半島に伝わって、百済王のもとに搬入され落手したと考えることはたやすい。北燕といえば実は宰相の馮素弗について序章における木製輪鐙の箇所で述べていたのだが、またしても馬具そして北方騎馬民族である。私自身は騎馬民族説というよりは、いささか「脱騎馬民族化」された加耶や百済の王統が日本に来ていたというふうに読み替えたいクチなのだが、時代の流れとして、渡来王朝説に風が吹いているのもこのように感じざるをえないのだ。

コンジとホムタのあいだ——音韻と字面から

われわれ現代人は天皇（大王）名を『日本書紀』の漢風諡号で呼ぶ恒例があるために、ふだんは「応神天皇」と呼んで議論するわけだが、和風諡号の「誉田《ほむた》天皇」という呼び方は実はそれ以上に重要になる。たとえば初代・神武天皇の和風諡号は「カムヤマトイハレヒコ」であり、崇神は「ミマキイリヒコイニヱ」である。このように言葉（普通名詞）の概念を連ねたような名前が多いなかで、応神の「ホムタ」という呼び方は異色だ。『古事記』では品陀和気命（ほむだわけのみこと）であり、『懐風藻』ではその「品（ホン／ホム）」が用いられ「品帝」という妙な表記まであるほど。その他も応神名を挙げるならば、『播磨国風土記』には品太天皇（ホムダノスメラミコト）、『上宮記』逸文では、凡牟都和希王である（『古事記』とほとんど同じ）。

ここで私が言いたいのは、このように**ホムタ（ホムダ）**という名前がそれだけ固有名詞的で個性的なリアリティーがあるということ。だから『書紀』もそのリアルさを隠すためにかホムタを普通名詞化させる手を打ってきている（念が入っているのだ）。武具の「鞆」（とも）を上古の時には「褒武多」（ほむた）と呼んでいたと記載しているのだ（ちなみに、この褒武多の武は、倭王「武」をも想起させるのも注目）。このトモ＝ホムタ（鞆）とは、弓矢を使う際に勢い余ってヒットするのを防ぐため左手首につける防具であり、この武具に「ホムタ」名が関連づけられているのである。応神は生まれながら手にこのホムタ（筋肉の盛り上がり）を持っており、それだけ武人のスペシャリストであった――と。これがホムタ天皇の名前の由来だというわけだ。

この取ってつけた説明ではなく、以下のような音韻的な転訛からの説明が自然と腑に落ちる。石渡の書籍ではじめてそれを読んだとき、胸をつかまれるような興奮に包まれたことを記憶している。以下、私見によるアレンジもまぜて昆支の音韻論を見てみよう。

まず「昆支」は日本語読みでコンキ（コムキ）、もしくはコニキだが、韓国語読みなら「コンジ」であり、英名ならPrince Gonji of Baekjeであるように「G」音も印象的だ。コンジのコンは「ゴン」に近かったのかもしれない（そうなるとH音がさらに入ってくる）。コンジはまた「コンヂ」

と同音であり、「ジ（ヂ）」のD音から「コンダ」と転訛もたやすく、結果として「誉田」と字があてられたとも思える。「誉」の字があてられるその前後に、昆のかわりに「品」の字があてられていた可能性も高い（品の字は、昆と似た三つのパーツから成り立ち、読みも「昆（こん／こむ）」と「品（ほん／ほむ）」とかぶる点にも注目）。

そもそも誉田《こんだ》山古墳（羽曳野市誉田《こんだ》）はコンダ（ヤマ）と読むが、音韻的にも昆支とそっくりであるのがわかる。この「コンダヤマ」の「コン」は林順治が語るように、口のなかで発声すると「コム」にも近く、「ホム」音も内包する。動詞「誉む」の訓「ホむ」と音読みの「コン」は音訓さえ類似している。朝鮮語にはK音とH音の子音交替があり、「Kホンダ」「Kホンタ」はK音が抜けて「ホンダ」「ホンタ」「ホムタ」という転訛が倭において生じたことが十分に推察できる。もとより『書紀』初出では誉田陵《ほむだのみささぎ》とあり（雄略紀）、「（コンジ）→ホンダ→ホムタ→ホムダ」への転訛も可能なのだが、この「八幡さま」の地元ではK音が滞留し「コンダヤマ」古墳という呼称が、現に残っている根強い事実もある。「ホムタ山古墳」ではない点に注目したい。やはり「コンキ」という起源に引っ張られたのではないかとも推測できるからである。

「応神」という武張って雄渾な「字面と音韻」の天皇の名が、和風諡号では「ホムタ」となるということに、なにがしかのイメージのギャップを覚えるはずだろう。そうした「ん？」という奇妙な実感にこそ、事の真相が横たわっているものではないだろうか。

国宝「隅田八幡鏡」の解読！①――日十大王・男弟王・斯麻という〝三角関係〟

ようやく「応神の正体」と系譜を割り出すところまで本書もやってきた。石渡理論には驚異的な洞察・発見が幾多もあるわけだが、そのうちからベスト5を挙げるとしたら、隅田八幡鏡の銘文解読こそ最初に指を屈するべきものだ。**誉田山古墳**の被葬者を、**百済王子**だと見る石渡理論にとって、鏡はそれを証拠だてるものとなっている。

この隅田八幡鏡は国宝として現在は東京国立博物館に所蔵展示されているが、もともとは和歌山県橋本市に鎮座する隅田八幡神社で奉納されていた。一説には、近隣の妻古墳で江戸期に発掘されて神社に奉納されたなどと言われているものの、今やその真相は藪の中である（林順治の『隅田八幡鏡』に詳しい）。ただ、紀州に残されているというのが、紀氏（『紀氏家牒』では蘇我氏と同族）とのかかわりや、大阪平野の勢力との関係性などを大いに想像させてくれる。

隅田八幡鏡の鏡背には四八文字の銘文があり、干支の「発《き》未《び》年」の銘から製作年は「443年説」と「503年説」に集約されてきた。登場する人物たちとして「**日十大王**」、「**斯麻**《しま》」、「**男弟**《をおと》**王**」と、王族と思しき名前が三つ刻まれており、三者にはなにがしかの近い関係性があったことがしのばれる（ひとまず、「日十大王」に関しては、「にちじゅう」大王と読んでもらってかまわない。後述）。
従来、とても重要な時代であるにもかかわらず、この人物たちの正体と関係性が謎とされてきた。学者たちが諸説を出せても、決定打までは出せなかったのだ。そこで全文を見てみると、

〈癸未年八月日十大王年男弟王在意柴沙加宮時斯麻念長寿遣開中費直穢人今州利二人等取白上同二百旱作此竟〉

言葉を補いながら読み下しをすれば、

「癸未の年、八月、日十大王の年、男弟王が**意柴沙加**《おしさか》の宮にある時、斯麻が長寿を念じて、開中費直（かふちのあたい／ぺちゅうこおりちか）、穢人今《わいじんこん》州利《つり》の二人らを遣わして、上質の銅を二百旱でこの鏡を作る」となる。

この「癸未年」がいつかという論争が学界で重ねられてきた。意味内容から探ってみると、まず意柴沙加宮というのは、「忍坂」（奈良県桜井市）とされており、この時代のヤマトの政治的枢要部であろう。

銘文中の「開中費直」は欽明紀に登場する安羅（咸安）の日本府にいる官人「加不至費直《かふちのあたひ》」すなわち河内直と同致されうるし、継体紀には州利即爾《つりそに》なる百済の将軍が登場してくる（またもし「開中」字ではなく「辟中」ならばぺちゅうとして神功紀に朝鮮南部の地名としてあらわれている）。

隅田八幡神社人物画像鏡

現物を上野の東京国立博物館で見ることができる。

河内直氏は、のちの河内寺（東大阪市に廃寺跡も）を建立した渡来氏族だろう。だから遣わされたこの「二人」がともに半島に由来する人物であること、そしてなによりも、祈念した「斯麻」が第二十五代百済武寧王の名前（諱）「斯麻」と同一であることから、癸未年は５０３年説が断然有力となっている（石渡説も同じ）。実際に斯麻は５０２年に即位してもいるからだ。

　４４３年説では、当時の大王は倭王済ということになり、その年は宋に遣使した年である。通説では、済＝允恭天皇であるが、男弟王との関連もまったくわからず、斯麻も名指すことができない。

　５０３年説なら、男弟王は、「男大迹《をおと》王」（『書紀』）たる（即位前の）継体天皇と音韻からもぴったり等置されうる（『古事記』では袁本杼命《をほどのみこと》）。つまり男弟王の音韻つながりから後世にヲオト天皇の表記も生じたというわけだ。「男弟王＝継体」説の場合、継体が大和入りし磐余玉穂宮（526年遷宮）を開いた時期との辻褄が合わないという批判もあったのだが、むしろそれは『書紀』の記述のほうが創作され誤っているという解釈のほうが自然だ。それだけ金石文の意味は重い。

この固有名の一致のほか、もう一つ大きかったのが、モデルとされた鏡（神人歌舞画像鏡）が複数あって、それらが5世紀後半以降の古墳からの出土物と見られたからである。斯麻が長寿を祈念したように、この鏡のコンセプトとしては不老不死の神仙思想があり、隅田八幡鏡にも中国伝説上の西王母・東王父などの仙女・仙人が彫りこまれている。そもそもこの銅鏡が重要なのは、天皇ではなくて「大王」表記が使用されていることも一つ挙げられる。古代天皇制成立以前の時代状況を伝えてくれているわけだ。

銘文の大意では、この武寧王と思しき斯麻なる百済人が、日十大王治世の時代に、男弟王にその長寿を祈念して高官ふたりを派遣し、鏡を作らせプレゼントした、ということになってくるだろう。ややこしくなるのは、日十大王に贈ったのではなく、その大王の治世時に、男弟王に対して贈ったというちょっと不思議な関係性があるから。そこが文脈の解読をさらに難渋させてきたのである。

このように隅田八幡鏡には重要な人物が五人出てきており、なかでも「日十大王」がもっとも謎めいた存在である。記紀にそれらしき名前がいないため、昔から諸説があったが、どれも明解を得られず真相を射抜けなかった。そこに石渡信一郎が研究史上はじめて「日十大王＝昆支」という卓説を披露したわけである。

この見方で銘文の内容を再検討するとき、混迷した関係性の糸が一挙にほどけてゆくのが感じられ、われわれは石渡理論の到達点の深さに震撼させられる。もうお気づきの読者もいるかもしれないが、隅田八幡鏡の「斯麻」が本当に武寧王（斯麻王）だとするなら、斯麻王とは百済王子の昆支が来日したときに加唐島で生まれた昆支の「息子」（嶋君）にほかならない。そのためこの時代の政治に関して蚊帳の外にいた昆支という百済人が、ここで「斯麻の父」としていきなり古代史の表舞台に脚光を浴び浮上してくるのだ。

おさらいをすれば、倭の島で斯麻は461年に生まれ、そこから「嶋君」と命名されたということが今では実証されており、しかも503年説を採るなら、その斯麻が502年に百済で即位して百済王になっているのも歴史的事実である（ここも強みがあった）。

当時の倭・百済の友好的外交関係を考えるなら、即位してすぐの斯麻が大権を握り、自分の父（昆支）がいる倭に逸品を寄贈することもすこぶる理にかなっている。百済王になるにあたり、倭からの支援が少なからずあったはずで、とくに尽力したのがナンバー2の男弟王（継体天皇）であったのなら、その男弟王に礼を尽くすのも首肯できる。ましてや、継体が次の大王になるであろう観測は、両国でも常識であっただろうから。名前からして男弟王が日十大王の「弟」にあたることも察しがつく。兄の後に弟が跡継ぎになることは当時の兄弟相承制から言ってもなんの問題もない。時に、継体は五十四歳、武寧王が四十二歳である。

しかも、５０３年説には別のリアリティーもある。５０４年と５０５年に百済から倭に遣使が来たという記事が武烈紀にあるのだ。５０３年に百済王が鏡を贈るという、その姿勢とは通底している。

なおこの時の倭の天皇は公式には武烈であり、武烈は雄略ともども、応神＝昆支の「影」的存在である。雄略には「有徳」とされるところもあってまだ事績の挿話に「光と影」が混在しており、編集方針のなんらかの意図やブレが感じられる点もあるのだが、武烈のほうは「武」をせっかく名前にいだきながら残忍で悪逆非道な大王に設定されてしまっている（とくに女性への凌辱行為）。

（★注１）

もし武烈に悪逆な挿話がなく、英明な天皇として描かれていたならば、６世紀まで生きている分（５０６年崩御）、武烈は５世紀末の倭王武に該当する候補になりえたのだ。例によって『書紀』は「武（昆支）」の要素や属性を各天皇へと振り分けている様子がこの武烈にまで見られる。あそこまで悪事を重ねた武烈ならば世継ぎもいないし、次の継体が「応神五世孫」として即位するしかないだろうというストーリーに結果、持っていっている。

さて、話を隅田八幡鏡の解釈に戻し、結論づけてゆこう。

日十大王が昆支であり、ヤマト王権の懐深く忍坂宮に入っていた男弟王が継体だとするならば、「男弟の王」という名称からも「兄の王」の存在が焦点化されざるをえず、改めて昆支と継体（弟の王）が兄弟であることが見て取れる。だから実際に百済の斯麻王が、自分の父（昆支＝日十大王）の弟（「男の弟の王」）——自分の叔父さん——に対して、その長寿を願い、鏡を贈ったという筋の解釈が可能になるわけだ。甥が、世話になった叔父に長く奉仕したいという思いで鏡を作り贈るというのはごく自然なことと解釈ができ、この政権初動時の贈りものの筋が合ってくる。どうにも複雑な人物関係図が刻まれているように見えた鏡の文脈に、石渡説がドンピシャではまり、するすると銘文の謎が解けてくるわけである。

ところが従来のヤマト中心史観では、なぜ百済王がそんな鏡を男弟王に贈らなければならないのかの理屈が通ってこない。たとえ「斯麻＝武寧王」だと素直に認識した学者たちの所説があったとしても、日十大王を昆支と等置しなければ、「日十大王の弟」らしき王族（男弟王）になぜ鏡を贈るかの合点が行かぬ。説明がつかず、「苦しい理屈」になってしまうわけである。ありがたいことに近年では503年説が優勢なので重ねて言いたいのだが、男弟王＝継体だとした時、継体の伝記的事実において「兄」王などいないわけだから、そこでも石渡説は他説より桁ちがいに優位性を示している。

従来の学界では明かしきれていない関係性の文脈が、隅田八幡鏡にはあったわけである。そこをほどいて解明したのが石渡による「日十大王＝昆支」という見立てであり、贈り手の斯麻がまさに昆支と親子関係であるという事実はとても強固だった。もし確信犯的なヤマト主義のイデオローグがいるとしたら、この「武寧王の父が昆支である」という事実がやたらと日本古代史においては鬱陶しく、重くのしかかってきているということに気がつくであろう。石渡理論のエッジの鋭さに厄介で煙たいものを覚えているかもしれない。さらに意外と強みがあるのは、「男大迹」の源が「男弟」王から来歴していることも明瞭となり、そんな表現がわざわざ出るほど、「兄の王」が史上いかに特別な大王だったかを逆照射している点だ。

★注1　雄略の名前が「大泊瀬幼武」、武烈の名前が「小泊瀬稚鷦鷯」と大小の泊瀬と「幼＝稚」まで重なるなどあからさまでさえあり、史実というよりもやはり後代の造作ゆえのほのめかしと捉えたほうが合理的であろう。

国宝「隅田八幡鏡」の解読！②——二大古墳が「兄弟墓」である可能性

ここで、大王墓に関する話についても一挙に結論づけておきたい。

応神陵（誉田山古墳）の被葬者が本当に応神であったとしても、そもそも考古学的に『日本書紀』の年代と合わないという話を先述した。通説ですら、誉田山古墳築造年は400年くらいであるのに、応神は310年に死んでいるからだ（『書紀』）。しかし誉田山古墳に遅れつつもほぼ同時代に築造されたと見られる仁徳陵（大仙陵古墳）の出土遺物（細線式獣帯鏡、環頭大刀の金箔張り柄頭、三環鈴、馬鐸らボストン美術館収蔵で大仙陵古墳出土と登録）は、森浩一が論じたように武寧王陵墓で発掘された遺物とそっくりであり、時代ばかりか「両被葬者の関係性」もかぶることになる。だから、遺物からだけでも、「武寧王と大仙陵古墳被葬者」には近しい関係性があるということなのだ。その上に、石渡が解読した文脈をあてはめて、次の構図を見てほしい。

武寧王（斯麻）と継体（男弟王）が甥・叔父の肉親関係であってみれば、大仙陵古墳が継体の大王墓である、という石渡説が改めてその信憑性を獲得できる。継体は531年に崩御しているが、その大王墓が寿陵だとすれば、6世紀初頭に完成している可能性もあり、森浩一は現に大仙陵古墳築造を5世紀後半から6世紀初頭あたりまでのスパンで考えていた。石渡説はそれにも素直に寄り添っている。

比較考古学の川西宏幸の円筒埴輪研究においても、古市古墳群（誉田山古墳含む）の大部分と、百舌鳥古墳群（大仙陵古墳含む）の編年時期を、Ⅳ期と考えている（Ⅲ期を5世紀前期、Ⅳ期を5世紀中葉〜後葉と見て）。これは、現在、跋扈している「古く出がち」の史観よりも一〇〇年以上も遅く（新しく）、このⅣ時期は石渡説における応神&継体の活動時期とかぶっており（まだ少々古い感じではあるけれど)、石渡史観の合理性が担保されている。

実際に、5世紀終盤から6世紀前半の時代には(雄略・武烈・継体朝には)、大和や河内に百済系集団の群集墳(新沢千塚古墳など)も大量に築造されており、百済の墓制である横穴式石室が採用され、ずいぶんと普及してきていることを見ることができる(その象徴が欽明天皇の陵墓とされる奈良県の見瀬丸山古墳だろう)。

そもそも「武寧王の父」が昆支である事実は動かないわけで、昆支(兄の王)と継体(男弟王)が兄弟であることが改めて類推されるため、大阪府の二つの巨大古墳のうち、少しだけ時代が前の誉田山古墳を応神のものに比定し、時代が少し後の大仙陵古墳を継体のものに比定することにも合理性が生じてくるわけだ。両者を「親子」の墓とするには時代がやや近しすぎるという次第である。兄弟墓になるのをまるで裏づけるかのように、森浩一はこのように書いている。

誉田山古墳と大山古墳、つまり二つの超大型古墳の兆域が北緯線上でほぼ一致していて、同時に地点をえらんだのか、それとも先に造営された古墳を基準にして一方の古墳の位置を決定したかのどちらかである。

(『巨大古墳の世紀』)

この東西軸において、両巨大古墳は、まさに並び立っているというわけだ。「北緯線上」での一致ということの指摘は、誉田山古墳被葬者と大仙陵古墳被葬者がともに「兄弟」であることを示唆しうるし、石渡説とも筋が合う。今後、本書後半で言及するつもりだが、のちのち応神系と継体系の血脈は相争うことになる。政権奪取のクーデターを起こしながら、古代史が強いエンジンで推し進められてゆくことを考えると、両雄並び立つ巨大古墳というのは、二大勢力の構図そのものに見えてきて、たいそう興味深い。

数学の証明問題を解くように三段論法っぽく語るならば、こういう事態が銅鏡の世界で表現されていたのだ。石渡の所論はとても合理的な解釈に見え、ゾクゾク来るところである。

なお「日十大王」「斯麻」「男弟王」の三者の共演には、何かのメタファー（隠喩）かアナロジー（類比関係）があるような気がずっとしていたのだが、それが何であるのかに時間がだいぶたってから気づかされた。それは、まるで電気工学におけるフレミング左手の法則のようなものではないだろうか?と。

これは中学理科でも学んだもので、理系（物理専攻）の読者にはすぐ想到されるところであろうが、左手の三本の指をそれぞれ垂直に別方向に向けると、中指が電流の向き、人差し指が磁界の向きをあらわし、この二本の指の位置が決まると、おのずと親指の向きがそのまま導体にかかる力の向きに相当する、というものである（モーターの原理など典型）。

この比喩表現は、日十大王と斯麻という二者（親子）の関係性の位置取りが決まれば、おのずと

大仙陵古墳（伝仁徳天皇陵）

百舌古墳群の盟主墓であり、古市古墳群の誉田山古墳（伝応神陵）とは北緯線上で並ぶ。

世界最大などとも呼ばれつづけ、ついに百舌鳥・古市古墳群は世界文化遺産の国内リストになった。認定されるためには、正しい被葬者の特定が急がれる。そのためには、隅田八幡鏡の解読はじめ両古墳の複雑な関係性の方程式を解かなければならない。

謎の男弟王（継体）の姿が出現してくるという意味である。あるいは斯麻と男弟王という二者（武寧王と継体）の関係性の位置取りが決まれば、おのずと、謎の日十大王（昆支）の姿が出現してこざるをえないという意味でもある。〝三者関係〟を表現するモノがないなかではなかなかの修辞だろう。

ここには、『書紀』における入念な創作がしのばれもする。『書紀』編纂者たちが応神と継体についてその時代を遠くセパレート（分離）させたにもかかわらず、「応神五世孫」などという導きの糸はじめ、昆支と武寧王の関係性を示唆するこの隅田八幡鏡の文脈を介在させることで、応神と継体が、実際の「兄弟」であることがわかり、しかも銘文の百済色の強さからも、ともに百済王子たちであったということを、この金石文が裏書きしてくれているのだ。

昆支と「アスカ」への着眼点——黒岩「蘇我氏の祖」説と「アスカラ」新説の展開

このように隅田八幡鏡の「斯麻」によって改めて古代史のスターダムに押し上がってきたのが日十大王、すなわち昆支であった。実は、この昆支に関しては、作家の黒岩重吾が卓抜な着眼を示していた。昆支こそ「蘇我氏の祖」として考えていたのである。半島系の渡来人が日本で栄えある地位になったという見方の変奏である。知られるように、黒岩の書いた古代史小説や紀行文は、日本社会に古代史ブームを醸成する一翼となっていたし、一時代前の古代史「業界」において、**無名の昆支**のことを特筆し、それを蘇我氏と結びつけていたのはなかなかの卓見であった。

たしかに蘇我氏こそ「昆支─欽明」ラインの直系（後裔）だというふうに、石渡も解釈している。だから、存外にこのふたりの解釈は、大きな点で同じだった。ただ大きな差異もあり、当時かなり大胆に古代史の謎に切りこんでいた黒岩でも、「蘇我氏＝百済王系」という読みまではできても、その蘇我氏はあくまで「大臣」どまりであり、「大王」であったとまでは洞察しえなかったのだ。（★注2）

たとえば黒岩は、6世紀後半の物部対蘇我の崇仏論争も、その本質は、「王位継承戦」（『古代史の真相』）だと書いているほどで、物部も蘇我も大王位に最接近していたことまできっちりと見抜いていた。百済系渡来人の東漢（倭漢）氏が蘇我氏の配下に加わったことを踏まえ、《大王家に匹敵する力を得た》とまで述べている。だがそうは言っても、「昆支が大王だったという仮説」にまでは踏みこめなかった。たしかに昆支が大王である可能性を見抜くためには、古川政司の百済政権研究を踏まえて系図を正しく把握しなければならないし、石渡が嗅ぎ取ったような『書紀』と『三国史記』の差異にも気づいていなければならない。いくら作家の感度が鋭くてもそこまではなかなか至らないものだろう。なによりも昆支を「大王」とまでは考えられなかった一番の問題は、隅田八幡鏡の解読に及ばなかったということにちがいない。肝心な点は、とはいえ実際に昆支が「王位」に最接近していたほどの最重要人物であることを――隅田八幡鏡の解読抜きでも――黒岩がすでに見抜いていた事実である。

黒岩は、昆支の支配エリアを「河内飛鳥」と考えた。このエリアは古代では飛鳥戸郡《あすかべのこおり》（のちに安宿郡）と呼ばれ、実際に飛鳥戸神社（名神大社　羽曳野市飛鳥）がここに鎮座し、祭神はまさに昆支である。昆支が五人の子と住んでいたという『書紀』記事を紹介したが、それもここ飛鳥戸の地である。

一方で《蘇我氏なくして大和の飛鳥は語れない》とまで黒岩は書いているのだが（『古代史の迷路を歩く』）、この場合の「飛鳥」とは奈良県のあの明日香村（高市郡）のことにほかならない。ここで確認しておきたいのが、このアスカという名前（音韻）である。現在では飛鳥といえばこの奈良県明日香のほうを想起する日本人がほとんどであろう。

しかし蘇我氏の本拠として、「飛鳥」はそもそも**河内飛鳥（近つ飛鳥）**に由来するという説も最近では強いだろう。古市古墳群（誉田山古墳含む）がひろがる羽曳野丘陵の北東側（古市）は大和川と合流する石川左岸に相当し、石川右岸にこの飛鳥戸神社ほか「聖徳太子」と縁の深い太子町も位置している。この石川流域から東の磯長谷（「王陵の谷」などとも呼称）にかけての地域（羽曳野市飛鳥）が蘇我一派の本貫だったという説もたしかにあって、昆支ら百済王の系譜と関連する飛鳥戸郡とは地域がかぶるのだ。

6世紀以降、蘇我氏はこの「石川」流域から奈良県の飛鳥（遠つ飛鳥）へと進出したと考えると、「二つの飛鳥」名が畿内のさほど遠くない領域内に残る理由も明瞭になる。「アスカ＝イスカ（イシカワ）＝スカ＝ソカ＝ソガ」という一連の音韻でもこれはつながる。実際に河内飛鳥のほうには一須賀《いちすか》（河南町一須賀）や春日（太子町春日）の地名が残っており、飛鳥川（石川と合流する支流）に沿って古市から葛城・大和方面に向かう竹内街道は、日本最古の「国道（官道）」（国道一六六号線）とも言われるほど重要な幹線だ。竹内街道は「横大路」（大道）につながって、ヤマト枢要部に向かう。「（ア）スカ」系勢力がいかに中央で権勢を誇り、この地にも根を張っていたのかを物語っている。だからここで肝となるのがアスカ・ソカ（蘇我）の音韻の元ネタがどこから来ているかという問題である。「飛ぶ鳥」と書いてアスカと読ませるのは、半ばは「熟字訓」で自明となっているためにわれわれは疑問を持たぬが、よく考えれば奇妙な話だ（「難波」をナニワと、また「大倭」を経た「大和」がヤマト読みとなった類例もある）。

そうして石渡は、ここにユニークな説を編み出した。渡来勢力が倭で樹立した王権を朝鮮語から「**東加羅**（**スカラ**）」と名づけたのではないかという新説を提起したのだ（「東」は「ス」音に類似したものとして発音されるという）。

このスカラに対してさらに「大きい」「偉大な」を意味する接頭語的な「大」（朝鮮語の発音では「カ」のようなK音）を借音表記してつければ、「**大東加羅**」（「カ」スカラ）という字と音が形成され、渡来勢力が倭に定着してから、この「カスカ（ラ）」または「アスカ（ラ）」からラ音が抜け落ちて「アスカ」「カスカ」あるいはイスカ、スカの地名になったと考えたのである。あたかも「大日本」と呼ぶような流儀と同じであると石渡は説いた。

そしてこのことは、金官加耶の故地が『書紀』で「**南加羅**（アリヒシノカラ）」と表記されていたことと対応する。『日本古典文学大系』では、「南」を意味するarpという朝鮮語にこれは由来したかという注をつけている。加耶系勢力がヤマト王権の担い手であるわけだから、「南」の加羅（加耶）が海を渡り、「東」（列島）に定着したその新王国が、たとえ国内全域ではなくても、ある特定のエリアを「東加羅」と名づけたという推定も不自然ではない。

たとえば百済（聖明王）は５３８年に泗沘に遷都したとき、国号を「南扶余」とした例がある。百済王族は扶余族そのものなので、その故郷はそもそも北東アジアであり、半島の西南部に改めて位置取りした百済が「南の扶余」を名乗るのも自然で、こうした東西南北を冠した命名行為が古代世界において頻出しているのも事実である。

この「スカラ」（東加羅）の概念と表記が、「カ（大）スカラ」へと拡充し、やがて日本風にK音が落ち、「アスカ」の音韻に落ち着いたという石渡の考察はなかなか鋭いところがある。この命名の時期は、加耶系渡来勢力の来日時すぐよりはずっと後、たとえば5世紀後半以降だと思われる。

この説には一つ巧妙な関連・展開ぶりがあって、それはスカラの「ス」音が実は「東」だけではなく「鳥」を意味する朝鮮語の音にも類似しているという言語的な事実である（詳細は、石渡が、金思燁や朴時仁ら朝鮮語に通じる古代史研究者の所論を検討して『百済から渡来した応神天皇』で解説）。つまり、当時の渡来勢力にとって、アスカラのスには鳥のイメージを惹起する音韻要素があったため、「飛ぶ鳥のあすか（飛鳥／明日香）」というふうな枕詞が後年形成されてゆくように、音韻と像が結合していったというのだ。

様ざまな研究を見ても、飛ぶ鳥でアスカになる理由としては、この朝鮮語「ス＝東＝鳥」要因を援用した「大東加羅説」（アスカラ説）はかなり合理的であるように見える。なお、（カ）スカラという音韻を採るならば、カスガ（春日）やカシハラ（橿原）などの畿内枢要部の固有名を〝カスカラの痕跡〟として指呼できる点にも注目しておきたい。

ただこの理論は、南加羅や南扶余の例から見立てられたものなので、石渡のこの補助線を気に入るか否かで評価が分かれるかもしれぬ。接頭語「大」をつけることの恣意性と、音の範囲がカもアもでは広すぎるという批判もあるかもしれないし、文献上に「東加羅」表記が発見されてはいないのでいささかアクロバティックな仮説には相違ない。ともあれ「カスカラ」をベースにすれば、「アスカ」「スカ」の転訛が古代日本の中枢地（の音）を席巻した理屈は、一応通ったのである。

そこで念のため付言しておきたいことがある。「南加羅《ありひしのから》」という呼び名が記載されていた旨を先述したが、「東加羅」を経由せずとも、単純にこの「アリヒシノカラ」の語源（音源）から「アシカラ→アスカ」という流れが生じ、アスカやソガの音韻に辿着したという可能性をも指摘できる。

この場合は、文献上にない「東加羅」という補助線を経由しない分、直接的であるため、一説として捨てがたい。なによりも石渡は金海地方の首露王が崇神となっているという説を採るわけだから、この直接性は音の近さともども説得力がある。「ア」音の出どころがわかる点も強含みであり、東加羅からの一元論（単一起源説）に頼るだけよりは、渡来王朝説の別の射程として担保しておきたい。いずれにせよ、昆支の子孫たち（百済永継ら）が実際に飛鳥戸郡に居住した事実は強いため、渡来勢力と「アスカ」という言葉のあいだには何か重大な契機や展開がこのようにあったと見なすことはできるわけだ。

★注2　大家ではもうひとり、門脇禎二も蘇我氏の祖を百済からの渡来人とする説を展開していた。ただその渡来人は、百済の権臣・木満致であるとしている（前出。『書紀』に登場。『三国史記』の木劦満致と同一人物）。この木満致がのちの蘇我満智となり（蘇我稲目の曽祖父）、蘇我氏の祖となったというのだ。たしかに『蘇我石川両氏系図』には有名な系譜「蘇我石川宿禰―満智―韓子―高麗―稲目」があり、満智の名も見える。けれど、名前に朝鮮半島色のやたらと強いこの系図は造作されたものに相違ない。これらの史料は蘇我氏が昆支から出自していることを隠しつつ半島カラーという示唆は残す典型的な後世のほのめかしであろう。

重要な点は、黒岩・門脇両巨匠による「蘇我氏の祖」説には百済の王族と権臣の差はあれど、ともに百済系とし

ているこ と。ヤマト中心史観が全盛の時代に、よくぞ的確なアプローチをしたものだと感心もさせられるし、同時にまた、その先の真相にまでは指がかかることがなかった、という点も考えさせられる。

「日十」大王の読み方と「クサカ」仮説――「日十」は音表記かそれ以外か？

黒岩の「昆支＝蘇我氏の祖」説自体を、石渡理論が隅田八幡鏡（日十大王）をめぐる別のアプローチですっかり射程圏に入れていることを、私の補助線つきで考察してみたい。『百済から渡来した応神天皇』にまとめられているように、たとえば「獲加多支鹵大王」が**音表記（万葉仮名の古形）**であるように、《「日十大王」の「日十」も音表記》であると考えられている。その日十大王の読みがそのままソガ（蘇我）へと有効にブリッジされてゆくという過程が展開されるのだ。

どういうことかというと、まず「日十」は、「日下」へと表記の変化が起こりうる。「日下」は一般的に「クサカ」と読むことができ、そこから「ク」が落ちて、「サカ／ソカ」へと音韻変化し、日十大王は「クサカ」大王、もしくは「サカ」大王という読み方であったのではないかという流れに至るのだ。つまり「クサカ→サカ→ソカ」と来て、そこから、「蘇我」と書いて「ソガ」という読みの氏族が生まれた――という音の移行を導き出せるわけである。以下なかなかの「クサカ」仮説が展開するので見ていってみよう。

たしかに従来から、「日十大王」を「くさか」大王と読んだ研究者もおり（神田秀夫）、この「サカ／ソカ」大王説は決して無茶な解読ではない。「日十」という文字の変化した字体として「早」のように一字表記のものも考えられ、神田秀夫は「日下部」が「早部」というふうに『万葉集』で表記されている例も示している。石渡もこの問題をかなり重視しており、余念なく複数の史料から同例を提示している。たとえば河内郡日下（東大阪市日下町）の表記は『行基年譜』において「河内郡早村」とも書かれており、さら筑前国早良郡《さわら》の「早」には、「日」と「下」の合成であらわされた表記（旱）があることにも気づかされたという（『倭名類聚抄』写本）。

一般的にサワラの古形はサガラであり、「サカラ（サガラ）→サハラ（サワラ）」への流れはほぼまちがいないとすれば、昔は「早」「旱」も「サカ」と読まれた可能性が高まる（よって早を日十の二文字に移せば、サカ大王という読みの可能性も）。早良郡には曽我郷があることも気に留めておきたいところだ（昆支と蘇我氏のからみ）。

そこで、「日十→早」と一字化するこの流れがあるのなら、一つ決定的な事実が挙げられる。蘇我氏「最後の男」となった入鹿のことを「林太郎」「林臣入鹿」と書いている資料があって（『上宮聖徳法王帝説』、皇極紀）、またこの「林氏」が「百済国人、木貴の後」であり、「百済国直支王の出自」という所伝もあるのだ（『新撰姓氏録』）。そこで「蘇我氏＝百済の木氏・林氏」説の傍証だという声にも連なる（門脇説）。

たしかに蘇我系が百済人であることはそれだけでも有効だが、実は「日十」からの流れでずばり射抜くことができる。文字と音の変化の流れを見てもらいたい（②には先述の流れもまとめてみた）。

①「日十」→「早」→「早し（音韻の訓みから）＝ハヤシ」→「林」（入鹿）→「蘇我」

②「日十」→「早」（「⿱日下」）→「クサカ」→「サカ（ソカ）」→「ソガ」→「蘇我」
「日下」→「クサカ」→「サカ（ソカ）」→「ソガ」→「蘇我」

となる。「日十」からの自然な流れが二つとも「ソガ／ハヤシ」という蘇我氏がらみの二つの名前に変化し辿着してゆくことが説明できるわけだ。黒岩とは別のアプローチで「（日十＝）昆支＝蘇我（の祖）」という線が裏書きされるのである。このように「昆支＝蘇我系」という説は石渡による隅田八幡鏡解読（日十）を経由することでいっそう強化される。

ただ、①の場合は字面（記号）における変化からそのまま訓読み（ハヤシ）に変じたプロセスなので明瞭な指摘だと思われるが、②の場合は、字面ではなくて音韻における転訛であるためもう少し検討する必要がある。というのも「日十」もしくは「日下」と書いて、なぜ「クサカ」と読まれるかという本質的な問題がどうしても残ってしまうからである。

そもそも、この「日下」の読みにはいわくありげな挿話がある。『古事記』序文において太安万侶は「亦、姓において日下を玖沙訶と謂い」と書き、この「日下」を「クサカ」、そして「帯」の字を「タラシ」と読むことの二例の妙についてわざわざ言及しているほどなのだ。こういう例示がいかにもなほのめかしで、『ここが重要なんだよ』と後世へのヒントを出しているようではないか。「クサカ」と言えば日十大王、「タラシ」と言えば息長帯比売こと神功皇后というふうに、ともに「神功―応神」母子とからむ点がいかにも仔細ありげなのだ。

そこで、石渡自身は首肯していないものの、一つ紹介している「クサカ」仮説がある。「早」という字に草冠「艹」をつければ「草」の字になるため、逆に言えば「早」という字は「草」から草冠「艹」が〝刈られた〟字体でもあるので、「草が刈られる」の意味合いで「早」が「クサカ」音となったという説である（神田秀夫『古事記の構造』）。

「日十」も「日下」も「早」に変化しさえすれば、「クサカ」の読みが明瞭に付加されてくるということ。独自で有力な解釈として神田説を一定評価したいところだ。

言葉遊び、字謎《アナグラム》の類は、今の現代人が考える以上に、漢字文化圏だけではなく列島の古代人にとってもお得意の分野であった。古代史料に見える日下がらみの訓読パターンを横断的にまとめてみると、日下（クサカ）、早（クサカ）、早（サガ／スガ）、𣅀（クサカ）、𣅀（サガ／スガ）、日（クサカ）、日（クサ）、草（クサ）、草（クサカ）、など多数の例が挙げられる。「日」だけでクサカと読んだり、「草」と冠があってもクサカと読んだりと原則をはずれる例外も多い。全体を見わたせば、やはり「日十」「早」のほうが日下より「古形」であり、さらに「早」よりも「草」のほうがより古形であることも想像される。

もっと言えば、神功紀と雄略紀には、それぞれ「草羅城」で「サワラノサシ」、「草羅」で「サワラ」という読みが与えられており、「草（羅）」の読みが「クサカ（ラ）↓サガ（ラ）↓サワ（ラ）」と変化してきたのだとすれば、「サガ↓サワ」の元ネタ（源泉）は「早」ではなく、草冠のついた「草《クサカ》」字から出来していることまで推測されうる。となると「クサカベ↓クサカ↓サカ」という変化の過程を改めて見定めることもできるわけだ。「草」の字は「早」の字と異なりはじめからK音が備わっている点も説得力がある。だからひとまず結論的に述べるなら、日十大王の読みは、ソカ大王やスカ大王ではなく、「クサカ大王」もしくはそこからの「サカ大王」であると私には推断されるところである。

そこで、石渡の「大東加羅」説と仲島の「南加羅」補説の展開を併記してみる。

③「大東加羅」↓「カスカラ↓アスカラ」↓「アシカラ」↓「アシハラ↓葦原」↓葦原中ツ国

↓（東加羅）↓「スカ―ソカ―サカ」↓「早加・早可」↓「早↓旱」↓「日下」

↓「アスカラ」―「アスカ」（飛鳥）↓「スカ・スガ・蘇我」

↓「イスカ―一須賀」↓「イシカワ」（石川）

↓「カスカ―春日」

↓「カシカラ」↓「カシハラ」（橿原）

④「南加羅」↓アリヒシノカラ↓「アシカラ」↓「アシハラ（葦原）―アシカ」↓「アスカ」（飛鳥）↓

「スカ・スガ・蘇我」

とくに③の場合は、「大東加羅」をどう倭の在地の音韻と表記で再現するかだから、いろんな転訛つまりなまりの枝分かれが生じたはずだ。渡来勢力の倭における新王朝の拠点「アスカ」の地名が、「(カ) スカラ」もしくは「アリヒシノカラ」の音韻から派生的に発生したというこの説が真正だとすると、たしかに主要な古代の地名群がこのように豪華に関連して登場してくる様相が見えてくる。この③では、石渡説の射程距離がたいへん遠くにまで及んでいることを示しているし、その応用力の高さも窺われる。飛鳥はじめ地名群の元ネタ（源泉）はこの「大東加羅」であると仮定してみてもよいかもしれない。

ただ慌てて付け加えたいのは、私の所論である④の流れのほうがシンプルにアスカを射抜いてくるはずで、「大」の接頭語はいうまでもなく「東加羅」も抜きで展開できる分、こちらも実はなかなか悪くはない。K音が出てこないのが玉に瑕だけれど、あくまでK音で始まる橿原など地名は本来多様なものなので単一起源説に拘泥しなくてもよいという考え方はキープしておきたい。

翻って、「日十」大王の表記と読みの第一原因までをもこの③の「アスカラ」「スカ」の流れから語りつくせるか否かということが、実は大きな問題になってくる。「(ア)スカラの大王」という意味がこめられて、表音的に「日十大王」という字がわざわざ選択されていたという見方が適正か否かである。というのも、音表記としての「日十」にこだわった(こだわりすぎた)場合、実際に5世紀を生きた〝人間・昆支〟があまりに不在のまま事態が進行してしまっているようで、理屈が苦しいのではないかと思われるからだ。具体的に石渡自身は、

「東加羅」の意のサカ・ソカ・スカは、もと早加・早可などと書かれていたが、この表記を簡略化するために、早の一字でサカ・ソカ・スカを表すようになった。しかし、早の字がサ・ソ・スとしか読まれないこともあるので、早の字の下半部の「十」をカの音を表す「下」に変えて⿱日下という形にし、確実にサカ・ソカ・スカと読ませることにした。そして、この早・⿱日下は、「大東加羅」の意でクサカ・カスカなどとも読まれているうちに、主にクサカの表記とし

て使用されるようになり、早は、二字に分けて日下とも表記されるようになった。

（『完本　聖徳太子はいなかった』）

と書いており、これにより、当時の百済系倭国の勢力が「(ア) スカ」の音表記のために「早加」「早可」を借音したのであろうと独自の補助線つきで推定した。たしかにそれらの推定された音表記から「早」の一字を取り出せば、そこから「日十」は復元できるのだが、理論の遠さもまた残るのである。

この音表記の問題で少しばかり具合が悪いのは、石渡が妙案で提起したこの「(大) 東加羅」のような現地表記がたとえ本当にあったとしても、同じ漢字文化圏であったはずの倭でなぜわざわざそれを「飛鳥」にまで一新するほどの借字表現をしなければならなかったのか、どうしても疑問点が残ってしまうという点であろう。

ましてや「(ク) サカ」「スカ」を表現する前提でそのために「日十」を選び取ったという説明で、読者も含めた研究者たちが納得してくれるかどうかである。だからこの日十大王の表記の問題には、私も少しこだわりたいのである。なぜかと言うと、まさに石渡がこだわってきたこの問題にこそ、この古代史一三〇〇年の謎を解くヒントが隠されていると思われるからである。そこで私の知見を披露したい。

「日十大王」の暗号

さて、前節では、石渡が「日十大王」の日十を音表記であると把握している旨を語った。だが私にはこの隅田八幡鏡のケースでは、音表記ではなく、文字記号の簡略化などの古典的なセオリーで見たほうがすんなりゆくように思えるのだ。

上記した①②の変容ぶりを再度、題材にしてみよう。私がここで説明したいのは、単純な漢字体のヴィジュアル面での変容という現象についてである。

「昆支＝日十大王」→「日十」→「早―早」→「日下」→「クサカ」→「サカ（ソカ）」→「蘇我」
→「早」→「ハヤシ」→「入鹿」→「蘇我」

まず、ここでは、日十が日下に変化したり、早に変化したりと、漢字体が歪んだり一部がドロップしたりといった簡略化（減筆）の現象が見られる（古代木簡でも「簡体字」は多い）。逆に「ソカ→蘇我」の過程が真実であるなら、ここには難解化（煩雑化）してゆくことで事物（人間や人間集団含む）に箔（重み）をつけるような態度もあるかもしれない。ここには当て字や借字の精神もあらわれている。

私が本書で改めて証拠立てたい事柄はこの上記の二つの変容過程ではなく、出発点にある前提――つまり昆支＝日十大王という接点（同体）をめぐるものである。というのも右に示しているように「日十」から下への矢印（↓）の流れは見事であるばかりなので、あとは出発点の「昆支＝日十大王」説をもう少し確定的にしたいところなのだ。

なによりも「昆支こそが日十大王ではないのか？」という石渡の鋭い問いかけは、学界でも世間でももっと重大なものとして受け止められるべき理論である。そして、石渡理論が明かした日十大王＝昆支という「事実」は、音韻や音表記がらみではなくその「記号性」そのものに刻印されていたのではないのか、という問いを、私は立ててみたのだ。

そもそも、たとえばだが「(大) 東加羅」（もしくは「南加羅」）が「飛鳥」へと変わっていったのと同じように、なぜ「昆支大王」は、昆支という名前を捨てて（?）、「日十大王」と名乗った――あるいは呼ばれた――のだろうか？　別に「昆支大王」のままでもよかったのではないか？

――そう考えていった時に、ある「文字列」が不意に私の眼を打ってきた。それはいわば作家・中島敦の小説『文字禍』における、めくるめくような奇妙な瞬間だった。別の比喩で言えば、「日十」という文字記号があたかもロシア構成主義のデザイン絵画のように抽象的なロンドを踊り出して、元のサヤにおさまる瞬間移動を体験したとでもいうべきだろうか!?

かくて、「日十大王」の本当の「元ネタ」にして昆支との同体説の決定的証拠が、このように浮き上がってきたのである。国語学におけるいわゆる部首の「冠」に注目してみたのだ（傍点）。

昆　支

↓

日比　十又

↓

日十大王

――私が記号性と書いたのはこういう意味なのである。日十大王の暗号がこのようにあの隅田八幡鏡には書きこまれていたのではないのか？　漢字を構成する部首いわゆる偏旁冠脚《へんぼうかんきゃく》（へん／つくり／かんむり／あし）の、脚の部分だけを消したら、かくも見事に「昆支」が「日十」になりおおせた。これはいわばレトリック（修辞）学における換喩的な表現だろう（白帆で船をあらわすようなもの）。

「昆支」という百済王子だった男の名前の実存を、その名前の一部を、「日十」大王へと変換して刻印した、すなわち日十大王という名前に昆支そのものを表象（represent）していたのではないのか？　あるいは、昆支の「存在＝名前」を、「日十」というもののなかに塗りこめた、という言い方もできるかもしれない。だからおそらく「日十」という文字には、すでにして昆支本人の実存があるいは言霊がこめられていたのであろう。

もちろんそれが昆支自身の発案と意図なのか、周囲の官僚たちの勧めであったのかどうかはわかりようもないことなのだが、ここまで美しく対応するとなると、「日十大王」という名前は、実際には「昆支大王」と名乗っているのももう同然であろうというわけなのだ。

仮に「昆支大王」とそのまま倭において名乗ることが、「大東加《あすか》（羅）」というふうに倭で名乗るのと同様、なにかしらの政治的事情で不都合であったのだとしても（たしかに昆支という文字面は朝鮮半島色が少々強いイメージはある）、倭においても自分の名前の全部でなくても一部をどこかに残したい、という願望が往時の昆支や昆支サイドにもあって、このような字面の暗号的再構成案が編み出されたのではないかと推察できるのだ。そしてそれは、送り手である武寧王＝斯麻にも十分に伝わっていただろう、ということである。

本書ではこの後も数値的・資料的な証明過程を展開してゆく予定であるが、ここでは「見かけ《アピアランス》」上もシンプルだが強力な「暗号」表現が行なわれていたという新説を提起してみた。昆支が「日十大王の正体」である証拠というのなら「これがコードネームのようなその証拠だよ」と言えば、小中学生にだってうなずいてわかってもらえそうな発見である。偶然というにはあまりに「美しい文字列」の並びであり、二つの文字からともに「脚」を消すのみという単純な行為の結果だからこそ、いささかこの見立ての妙に自信もあるのだ。

補足すれば、こうした漢字の変則的な使用法は、ほかにも同時代に類例がある。

たとえば、6世紀の岡田山古墳（島根県松江市）には、岡田山一号墳出土太刀と呼ばれる銀象嵌銘のある円頭太刀が出土している。ここでは、「額田部臣」の元ネタとされる「各田ア（卩）臣」と表記された文字が見つかっている。「昆支↓日十」とまるで同じようにこの場合は「額」から旁と冠を、「部」から偏を除いたものとなっている。一説には日本初の「訓読み（和語読み）」なども推定されており、時代も隅田八幡鏡と同じ6世紀とされている点も注目だ。

またあるいは、「百済」国号の表記も、その前身たる馬韓諸国中の小一国の際は「伯済」であったように、「伯↓百」のような漢字表現の横ズラシ的な移行は古代東アジアではすでに一般的なのである（その他、鏡↓竟、仙↓山、玉↓三、なども銅鏡の異体文字）。

こうした使用法（減筆）の側に立てば、先にあえて「暗号」と言ってはみたが、そうではなく、和語（奈良朝以後の日本語／吉本隆明）が成立する以前にはしばしば東アジアで行なわれてきた表記法や言語習性の一種としてこの「昆支↓日十」を位置づけうる可能性も出てくる。その場合でも、まさに昆支自身を表現していることには変わりはないのである。（★注3）

★注3　東洋史の李成市によれば、高句麗がこうした変則的な漢字使用を開始したのではないかという研究報告を行なっている。大陸つづきで漢字を変則的に使用する契機も頻々とあったはず。高句麗から新羅は漢字文化を受容したという説も展開されており、当時の百済でもそうした似たような事態が盛行していたと考えるのはかたくない。

また、1990年代以降、木簡が次々と発見され、その解明も進んできている（市大樹『飛鳥の木簡』中公新書など）。日本で盛行した変体漢文のルーツが朝鮮半島にあるかもしれないという説もあるほどで、少なくとも木簡文化が様式の共通性からして半島由来であることは疑いえない。古代日本人にとっての万葉仮名が言葉遊び的な感覚としていかに多様に豊かに編み出されてきたのかも大量の木簡群は想像させてくれる。そうした漢字への技巧の淵源が半島にあることを踏まえれば、この「昆支↓日十」の変形の信憑性も改めて考えやすいと思われる。

第3章　皇統譜の秘密

――六〇年倍数のミステリー！　『日本書紀』編年構造の解読

「応神の反映」としての「神武」創作

「応神＝昆支＝日十大王」という説について、その実相は語ってきたので、ここからはいわばその「応用編」として、どんな別の証明ができるか、あるいは当時の状況についてさらなるどんな深掘りができるのか、より理論的に迫ってみたいと思う。石渡理論の肝は、「応神＝昆支」とし、さらに日十大王と等置した点にあるが、この「応神＝昆支」の数値的証明を概説してみよう。必然的に、そのことが神武から始まる「皇統譜」の秘密を解くことにもつながってゆく。

さて応神は『日本書紀』では西暦200年生まれで310年死去の「設定」となっているので、ヤマト中心史観を採る研究者たちにとってみれば、せめて西暦350年くらいに応神陵（誉田山古墳）の実年代を持ってきたいというところが本音なのであろうが、さすがにそれはできないと観念したのか、4世紀後葉から400年ぐらいまでの射程でこの古墳の年代が推移している。もちろん先に検討してみたように、応神紀における「干支三運の秘密」を解き明かせば、応神（昆支）を5世紀後半に生きたリアルな人物として捕捉することはできるわけだ。

この応神（昆支）の史的実存から、律令国家の編史官たちが「神武天皇を創作した」というふうに見ることができる。当然だが神武を実在者と見る研究者はほとんどいないものの、歴史資料に残っているかぎり神武の各種データには有用な価値があると見るのが正しい歴史の取り扱い方であろう。その意味で、実在した応神（昆支）の在世期間を元ネタにして神武の生死の年や即位年をはじめ、数々の事績を創出し積み上げていったという推理が成り立ってくる。

干支紀年法が『書紀』において使用されてきたことを考慮すると、いつの時代からそうした干支を利用した数合わせ的記述がなくなったのかが重要な観点になってくる。石渡はその時代を継体朝からと捉えた。

一つには、のちの『書紀』が編纂された時代（元明天皇、元正天皇の時代）も含め、継体系王統が主流となって日本古代は運営されていったからである。具体的に言うなら、継体の即位年以降は時代が『書紀』のそれと合致してくると見たわけである。すなわち継体即位年は５０７年（『書紀』）であり、この時点を一つの「基準」とする見方が採れるのだ。実際に6世紀まで来ると、各種の考古学データ含めた史料も5世紀以前の時代よりもずいぶん豊富に出そろってくるため、継体に関する事績の信憑性もあらためて増してくるわけである。

そうして、５０７年に継体が即位していることから、その前年の５０６年に昆支が崩御したというふうに石渡説ならば「仮定」することもできるわけだ。当時は兄弟相承制を採用する古代国家も多かったから、昆支のような実力者の死後は、有力な弟がいるならば弟がそのまま（昆支の子が継承する前に）跡継ぎになればよいのである。これは昆支自身が、百済王（蓋鹵王）の弟としてナンバー2の左賢王であったことからも順当に証明できること。
「日十大王」が昆支であるのなら、その「弟」たる「男弟《をおと》王」は、男大迹《をおと》王（『書紀』）である継体（第二十六代）にほかならない。『書紀』においては、この継体即位の前年（506年）には武烈天皇（第二十五代）が亡くなっており、この「武烈」の存在（とくに崩年）が昆支＝倭王武の史実（崩年）をだから代行（表現）していると読み解かれうるわけだ。

　話が少々複雑になるので、これらの諸情報をまとめると、以下になる。昆支のほか応神の生没年なども併記。

【昆支（応神）の誕生年、即位年、崩御年】

200年（庚辰）　応神誕生（『書紀』）
310年（庚午）　応神崩御（『書紀』）
●440年（庚辰）　昆支誕生　石渡説――応神生年から干支四運を上乗せした数字）……①
461年　昆支来日（『書紀』）※武寧王墓誌から「斯麻」の生年も確認
●491年（辛未）　昆支即位　石渡説――辛未年から推測しうる（後述）
●506年（丙戌）　武烈崩御→昆支崩御と推定する……②
507年　継体即位

これらを踏まえ、石渡は、実在した覇王である昆支の崩年・生年の干支が、おそらくは神武（昆支の「分身」的初代天皇）の『書紀』上の崩年・生年の決定に影響を与えており、どこかで対応しているはずだ、とさらに仮定の考えを深化させていったのである。たしかに昆支が461年に来日しているのはまちがいないと考えるとしても、昆支の生年と崩年は確たる歴史資料がないため、推理するしかない。記事内容から言っても来日した昆支には若々しさやエネルギーが感じられ、いまだ青春の人であったことは想像されるし、その年齢を二十代と推測することも可能だ。

その場合、ヒントとなるのは応神の『書紀』における生年＝200年である。これを干支四運すれば昆支は440年生まれという仮説を立てることができる。それなら昆支は461年の来日時には二十一歳であり、これは一つの出発点になりえたのだ。

次いで、昆支の崩年としては、前述したように石渡は昆支と継体を兄弟関係と取るため、継体が即位する前年に昆支が死んだと見て取ったわけである。しかも『書紀』では継体の直前に即位していた武烈は、雄略と並んで悪名高い天皇であったたし、創作色が強すぎたのでいかにも架空の存在に見えていた。前述したように武烈の「武」は倭王武と同じでもあり、そうした象徴がこめられた応神の「虚像」という見方も十分できたのである。

歴史改作システム理論（井原説）と「三七〇年間の謎」

さて、この武烈は506年の丙戌《へいじゅつ》に死んでいる。そこで神武の生年・崩年を調べてみれば、神武は丙戌より一〇年早い丙子《へいし》に死んでいるのがわかる。

残念ながら、この段階とこの観点からでは、理論はぴたっと一致を見なかった。ただし、にもかかわらず神武が『書紀』では百二十七歳で死んでいるのが注目される。というのもP151の表にあるように石渡説による見立てでは、①と②から昆支は六十七歳で死亡していることになり（440年生～506年死）、神武と昆支の両者はジャスト六〇年（干支一運）差となっていたためで、この数字は実に意味ありげだったからである。

ここに一つ、興味深い古代史の〝システム理論〟がある。

石渡がそれを採用し自らの大いなる「補助線」として機能させることになったものだ。それが、古代史研究家・**井原教弼**《みちすけ》の理論であった（『古代王権の歴史改作のシステム』「東アジアの古代文化」所収）。井原は実際にシステム工学の専門家であり、まさに「システム」としか呼びようのない『日本書紀』の編年構造を発見した多大な功績者である。残念ながら故人だが、おのれの残した理論が以下語るように石渡によってこうも応用されるとは思いもしなかったであろう。この井原理論とからむところを、私が独自に援用し派手に敷衍してみたいと思う。いかに石渡理論が数値的かつ論理的な実証にも耐えうるものであるかがよく理解できるはずだ。

井原教弼はその論文で『書紀』記載による初代神武から皇極までの天皇の在位年数に着目してそれらを合算し、四つのグループに構成し直した（左）。そのうち、とくに第一、第二グループに注目した。なぜなら、そこには明瞭な数字の区分けが存していたからである。基本的にある天皇が崩御するとその翌年が次の天皇の「即位元年」となってゆく——これを「越年称元法」という。

たとえば崇神はBC97年一月に即位し、BC30年の十二月に崩御しているので、キリよく六八年間の在位期間となり、次の垂仁は翌BC29年一月から即位している。天皇によっては、七月に即位した十二代景行のように、年の中途が即位の始点になるなど半端になる場合もあり、その場合は本来ならば在位期間の計算は月数も勘定せねばならず複雑になる。あるいはまた、九代開化のようにBC98年四月に崩御し、BC98年の残り約八か月間は空位がつづいて、BC97年に改まってから崇神が就くといった状況もある。このように正確な在位期間を求めるには、この空位も計算せねばならない。私は井原よりもさらに仔細に月数も含めて計算をつづけてみて、井原の示すとおり、在位期間のまとまりは正確であることを再確認した。

以下に、天皇の即位年から崩御年（崩御した年の年末）までを合算したグループ分けを提示する。

なお、第二グループの景行と成務については、井原は単独でそれぞれ在位年数六〇と示していたが、私は両者を合わせて一二〇年とした。なぜなら、実際の在位年数はともに六〇年足らずだからである。それぞれで六〇年というのは正確とは言えない。空白期間を入れて一二〇年間になる――つまり、合算して辻褄が合わされるのがポイントなのだ。

【井原による天皇在位年数のグルーピング（仲島改）】

（第一グループ）**神武**（初代）から**孝安**（第六代）まで……………**三七〇年**（BC660年～BC291年）
（第二グループ）**孝霊**（第七代）から**垂仁**（第十一代）まで…………**三六〇年**（BC290年～AC70年）
景行（第十二代）から**成務**（第十三代）まで……**一二〇年**（AC71年～190年）
仲哀（第十四代）から**応神**（第十五代）まで（**神功**摂政含む）…**一二〇年**（AC191年～310年）
（計**六〇〇年**）
（第三グループ）仁徳（第十六代）から履中（第十七代）まで………九五年
（第四グループ）反正（第十八代）から敏達（第三十代）まで………一八〇年
用明（第三十一代）から皇極（第三十五代）まで……六〇年

これをはじめて見て知った読者はずいぶんと意外の感に打たれることだと思う。『書紀』にあたればあれだけ乱雑だと思われる各天皇紀の生没年や在位年数の総情報が、いざこうしてグループ分けされてしまうと、「整いすぎている」ほどにシンプルなまとまりになっているからだ。一番気になるのは全体的に六〇の倍数が多い意味であろう。まるで〝六〇年の怪〟である。とくに第一、第二グループのそれぞれ合計〝六代で三七〇年間〟と〝一〇代で六〇〇年間〟も匂ってくるところだ。

ここに透かし見られるのは、基底にある『書紀』編纂者たちの考え方である。「干支一運（六〇年）の天皇紀」の思想とそれに準じた調整法が浮かび上がってくる。

第一グループでは、合計の三七〇年を天皇の頭数（六）で割り算すれば、三七〇÷六＝六〇であまりが一〇。第二グループでは、六〇〇÷一〇＝六〇であまりなし、ドンピシャである。

ちなみに第二グループの神功皇后は『書紀』ではあくまで天皇ではないが（急死した夫・仲哀天皇のかわりに摂政に在位）、「常陸国風土記」や「摂津国風土記」では「息長帯比売天皇」などと書かれ、十五代の天皇扱いとされている史料もあるので、ここでは天皇として数えている（合計一〇人）。

とにかく、この六〇の「倍数」で構成されている箇所が目に立つわけだが、とくに第二グループの天皇紀は平均すれば六〇年になった。つまり律令国家の編史官たちにとって、理想的な在位期間は六〇年であり、それゆえ即位年や崩年の干支はたとえばらけていたとしても、「干支一運（六〇年）の天皇紀」が基本となっていて、それが相前後しながらも連続したものが皇統譜になっていった。

具体的に在位のデータ（月数切り捨て）を示せば、神武：七五年、綏靖：三三年、安寧：三八年、懿徳：三三年、孝昭：八二年、孝安：一〇一年という具合。

在位年数はバラバラなのに、ならせば秩序感が見られる点が見すごせないのである。平均六〇年の在位年数の集合として、天皇紀は成立しているはずだというこの井原の仮説はこのように強烈に的を射ていた。

〝二倍年歴〟〝数理文献学〟などというむずかしいことをもち出す前に、われわれは非年号時代の大半が、**なぜこのように六〇年の倍数で構成されているのか**という素朴な疑問に答える必要がある。

と、いみじくも井原の書くとおり、こうした素朴な疑問＝謎に対して、学界は真摯に応接してこなかったし、井原に呼応する大きな声もほとんどなかった。そこに井原の学問的栄光と孤独をともに思うこともできるわけだが、以下示すように、井原理論を切り口にして、石渡は自らの所論を十分深化させることに成功したのである。井原の業績は再発掘され、後代につながったということだ。

ちなみに引用文にある、二倍年歴は古田武彦の理論であり、数理文献学は安本美典の方法論である。ここで井原はある意味で両者を批判しているものの、古田や安本の取り組みや斬新なアプローチ自体、既成のガチガチな学界に風穴を開けようとしていたという点では好感されるものだし、そのチャレンジングな姿勢は素晴らしい。

〝幻の皇統譜〟という「三七〇年間の解」

このグルーピングを見ていて不思議に思われてならないのは、第一グループの半端な違和である。ひとり頭六〇年間の在位期間として三六〇年間になるかと思いきや、なぜか、半端な三七〇年間に結果しているからだ。この一〇年間の差というものがいかにも解せず、大きな謎を提供していることになる。そこにはたして何が潜在しているのかということを井原は追究した（まさに研究史上、初の試みだった）。

この謎解きをするためには、辛酉革命説について知っておく必要がある。最近の高校日本史では用語事典にも載るほどの扱いにはなってきているけれど、一般の日本人が知っているほどの馴染みはまだないだろう。干支一巡し六〇年に一度めぐってくる干支の六〇通りのなかには辛酉（しんゆう／かのととり）の年というものがあり、この辛酉年は一種の特異点として特別視されたのである。古代中国ではこの年には大きな社会「革命」が起こるとされたわけだ（甲子の年には「革令」がなされるとされた）。むろん一種の予言や占いの類いであり、やはり前漢から後漢の時代に中国で流行した讖緯《しんい》説（未来予測の術）に由来する。そのため、改元などの行為が古代日本でも辛酉年にはわざわざ行なわれていたほどだ。

そしてさらに干支をめぐって話が大きくなるのは、干支一運する六〇年（「一元」）に二一倍を乗じた数、すなわち一二六〇年の期間のことを**一蔀**《いちぼう》と呼び、ひときわ特別視したことである。ある辛酉年（基準点）から一二六〇年後（反対から見れば一二六〇年前）の辛酉年には、革命どころか、「大革命」がもたらされる――という思想がこめられていた。江戸時代生まれの明治期の学者・那珂通世は、『書紀』編史官らがこの一蔀による辛酉革命説に寄り添って、神武の即位年を西暦でいうところの紀元前（BC）660年に設定したことを明らかにした。「第一蔀の首」としての「皇紀元年」が革命的にスタートしたというわけだ。その場合、基準点（第二蔀の首）に据えられた辛酉年が、ひとまずは601年となる（後述）。BC660年の一二六〇年後が601年だからである。千年単位の話だから気宇壮大な話だ。おそらく7世紀後半から8世紀前葉にかけてのリアルな『書紀』編纂期間からは、いささか遡った時代に基準点が置かれた具合だが、奈良時代の人びとからすれば601年は頃合の近過去でもあっただろう。

そこでこういう想像をしてみよう。もし読者のあなたが8世紀の『書紀』編纂委員のひとりであったとして、この天皇紀の編年構造を踏まえ、皇統譜を案出する使命を受けたとする。手もとの材料には、中国史書（倭のことが種々書かれている）があり、『天皇記』『国記』もあったにちがいなく、皇統譜が記された『帝紀』のほか諸伝や挿話が盛りこまれた『旧辞』も落手していたはずだ。またリアルな大王たちの交替劇をめぐる記憶（世代が進むにつれ失われつつあった）があり、コンセプトとしてこの辛酉革命説があった。『書紀』編纂委員としては、「始祖王」を決め、その名前を決め、年代も子孫も改めて決めてゆく必要があった。そして様ざまな史実と虚構をないまぜにして、「史書」を編集編纂していった。その際には干支紀年法がずいぶん役に立ったはずだ。ある時期のリアルな事績《イベント》を過去の天皇紀に持ってゆきたい時も、元の干支に注意さえしておけば、それを混乱せずに過去（の同一干支年）に移行することはたやすい。

井原の驚くべき研究によると、こうして過去へ過去へと積み上げられていった大王たちのうちの「始祖王」（初代天皇）が、実は神武天皇が設定されるよりも前段階に（より新しい時代に）存在していたというのである。いわば〝元祖〟の始祖王というわけだ。それが第七代・孝霊天皇（のポジション）であるとまで井原は導き出した。注意を要するのは、もちろん、その時に名前が「孝霊」（大日本根子彦太瓊《オホヤマトネコヒコフトニノ》）天皇であったかどうかはわからない（二の次である）ということ。なぜなら現・孝霊のポジションにいた天皇《スメラミコト》の名前はすでに「神武」（神日本磐余彦《カムヤマトイハレヒコ》）だったかもしれないからである。あくまで肝心なのは、「孝霊のポジション」にこそ、始祖王がおさまっていたという点であり、現状の『日本書紀』以前に、「幻の皇統譜」があったということ――これは大発見であった。この仮説は井原による「**『日本書紀』二段階編纂説：孝霊譜説**」というようなものである。

実際に、この孝霊天皇（すなわち「**初期神武**」）は、『書紀』によるとBC290年（辛未）に即位し、BC215年（丙戌）に百二十八歳で崩御している。一方の神武は百二十七歳で崩御しており、享年は一年しか差異がないので「設定」としてはたしかにそっくりであり、びんびん響いてくるところがあるわけだ。

しかも孝霊をもし初代天皇（「首部」）とした場合、（神功皇后もカウントして）応神はちょうど第十代の天皇になる。イメージとしては、崇神が現第十代天皇なのでその類推で事態を想起すればよい。ここから窺えることは、応神の位置をベースに置いて、そこから前に九人の天皇を意図的に配置したということであり、井原は応神のことにはそこまで意識的ではない分、いかに応神が古代史において重要な地位を占めているかを裏書きしていることにもなる。その証拠のように、孝霊の和風諡号（『古事記』）と『書紀』の最後を飾る持統の和風諡号（『続日本紀』）とでは、それぞれ、

首部　孝霊――**大倭根子日子**フトニ命
末尾　持統――**大倭根子**アメノヒロノ**日女尊**

であり、「大倭根子日子（日女）」で見事に対応しているという。孝霊と持統を「首部」と「末尾」との対応関係として美しくキメたかったさまが窺えるというわけだ。このことからも「初代の神武天皇から第六代の孝安天皇」までの皇統譜が、「あとから」くっつけられたものだという傍証になっている。このように井原は『書紀』編纂の作業プロセスまで推理し、われわれにコンテンツ（内容）の検討具合まで想像させてくれた。

そうなると、どういうことになるのか？　最初の天皇たちのポジションがいったんは決められ、「**孝霊譜**」設定が完了したかに見えたのだが、そこに「屋上屋を架す」ような作業過程が後から追加（架上）されたということをこれは意味している。つまり『書紀』編纂者は、孝霊の段階では満足せず、もっともっと天皇紀の淵源を過去へと遡行させ、虚実入り乱れた事績を積み上げていったのである。まとまりかけていた皇統譜を「もっと古く」したわけだ。だからこそ孝霊の前にさらに合計六代（三七〇年間）をあえて配置した。この結果として『書紀』の姿がようやく決定されてきたわけである。ちょうど神武を初代とする前節に示した「第一グループ」の六人分に相当する。

もうお気づきかもしれないが、通常の計算ならば、天皇六人で三六〇年間の追加になるはずだったのに、律令国家の編史官たちはそうではなく、六人の天皇分に三七〇年間をあてがった。なぜか？　その意味や理由は何なのか？　三六〇年間プラス「一〇年間の余分」が付加された皇統譜のこの謎がどうにも不可解なのだ。

文脈が複雑になってきているので、謎解きにあたって年表ダイヤグラムを作成してみた。手前（右）ほど編史官たちが生きた持統朝・奈良朝の現在時に近く、左に行くほど起源の神話を積み上げていったというふうに解釈してもらいたい。

【昆支（応神）と神武――『日本書紀』と「幻の皇統譜」】

○661年（辛酉）　斉明崩御、天智称制／一蔀の起点？（一三二〇年説）
○660年　百済滅亡
○601年（辛酉）　一蔀の起点？（一二六〇年説）
○507年　継体即位
●506年（丙戌）　武烈崩御→**昆支崩御**（六十七歳）と推定（仮定）する……①
○503年　「日十大王年」に隅田八幡鏡を武寧王が男弟王（継体）に贈る

○502年　武寧王（昆支の子）即位
●491年（辛未）**昆支即位**「幻の皇統譜Ⅰ、Ⅱ」の孝霊と神武の「辛未」即位より推定可……⑧
○479年　東城王（昆支の子）即位
○478年　武が「安東大将軍倭王」に除正
○477年　文周王殺害され、子の三斤王即位
○475年　蓋鹵王殺害され、叔父の文周王、熊津（公州）で即位
○461年　昆支来日（『書紀』）
●440年（庚辰）**昆支誕生**……⑦

第二グループ【第七代～第十五代（神功皇后含）】
六〇〇年間で一〇人天皇（ひとり六〇年）

●310年（庚午）応神崩御（享年百十歳『書紀』）
○201年（辛巳）神功皇后　摂政元年
●200年（庚辰）応神誕生（『書紀』）
○170年　神功皇后誕生

○BC155年（丙戌）……「幻の皇統譜その0」の孝霊崩年

○BC215年（丙戌）孝霊崩御**（百二十八歳）**

○BC230年（辛未）**プレ孝霊**即位……「幻の皇統譜その0」

六〇年繰り上げ（神功皇后を卑弥呼と見せるため／後述）

●BC290年（辛未）**孝霊**即位（第七代）＝井原説**「初期神武」**……**「幻の皇統譜そのⅠ」**

○BC341年（庚辰）……その前年（→後述の「D」を参照）

●BC342年（己卯）孝霊誕生（『書紀』）

第一グループ【初代〜第六代】

三七〇年間で六人天皇（頭数で割ると一〇年があまる！）

「プレ神武崩御（BC575年　丙戌）……直前設定②

一〇年繰り上げ（⑤にした結果、崩年も前倒し）

↓

●BC585年（丙子）神武崩御**（百二十七歳）**……③

「**プレ神武**即位（BC650年　**辛未**）……直前設定④**「幻の皇統譜そのⅡ」**
一〇年繰り上げ（「辛酉」革命にこだわった結果、即位年が前倒しに）
←
●BC660年**（辛酉）神武即位**（『書紀』初代）現・皇統譜「皇紀元年」……⑤
「プレ神武誕生年（BC701年　庚辰）……直前設定⑥
一〇年繰り上げ（⑤にした結果、生年も前倒し）
←
●BC711（庚午）神武誕生（『書紀』一月一日生まれ）

では、語ってきたことを年表ダイヤグラムで一覧しつつ、「昆支＝応神＝神武」の編年構造の真相を探っていってみよう。この謎解きの鍵は、始祖王＝孝霊（初期神武）を定めた編史官たちが、不意に辛酉革命説と一蔀による「大革命」思想に着目するに至ったという「方針の転換」にあると考えられる。

まず、BC290年（辛未）の孝霊即位年を見てみよう。この**「幻の皇統譜そのⅠ」**から井原は「第一グループ」の六代三七〇年が加算（架上）されたと考えた。そこで⑤のBC660年（辛酉）

に注目してもらいたい。こちらが最終的な「皇紀元年」であり、神武が橿原神宮で即位した年（第一蔀の首）とされている。井原が語るように、もしも当初から三七〇年ではなくて、三六〇年を架上するつもりであったなら、どうなっていたであろうか？　それが直前設定④のプレ神武即位年（BC650年　辛未）であり、それに伴う②⑥も含めた「**幻の皇統譜そのⅡ**」である。

これを見ると一目瞭然なのでおわかりかもしれないが、この三六〇年を加算した皇統譜のままでは神武の即位年が「辛未」のままなのでちょっとだけ不都合だったのである（そもそもの孝霊即位年も辛未）。

だから『書紀』編史官たちは、もう一〇年さえBC650年から繰り上げれば、神武即位年を辛酉革命の「辛酉」に置くことができるということに改めて、そして素早く気がついたにちがいない。それならば、原則の〝干支一運（六〇年）の天皇紀〟という紀年法にはもはやこだわらずに、もう一〇年だけ過去へと繰り上げ、神武の即位年を辛酉（BC660年）にすればよいだけである――。

このことは速やかに編纂者一同にも了解されたはずだ。

そうしたわけで、辛酉革命説に則り、正規の三六〇年ではなくもうプラス一〇年することで合計三七〇年間をさらに前（過去）に架上し、新たに神武即位年を定めることになったのだ。辛酉年（BC660年）はこのように――結果的に――求められた。編史官たちの見解が一致し、一決されたのが手に取るようにわかるところである。

庚辰年の謎

このように井原研究による「『日本書紀』二段階編纂説：孝霊譜説」の論理《ロジック》と「三七〇年の謎」への解答はほとんど万全のように見える。

では、とくに第二段階の皇統譜——「幻の皇統譜そのⅡ」——のあと、具体的にこの一〇年分を架上した「証拠」がどこかにあるだろうか？　実は明瞭な証拠（操作箇所）までもがあったのである。この一〇年差の推理に関して、井原はちょっとした傍証さえ見つけており、それが安寧天皇（第三代）の編年に関する「操作」であった。

『書紀』本文では、安寧天皇が崩御した年齢がわざわざ記されており、これが五十七歳。ところが安寧紀で綏靖二十五年（BC557年）に二十一歳で立太子となったことがわかり（つまり生年はBC578年）、安寧の崩年が安寧三十八年（BC511年）であることからも、享年は六十七歳（在位期間は三八年）にならなければならなかったのだ。とすると、このように現状五十七歳であると書かれている事実と、カウントして六十七歳の享年であるという事実とのあいだで、情報に齟齬が生じてしまう。だから正しい「解」は、こういうことであろう。『書紀』編纂者たちが、第一グループの本来の三六〇年間分を、三七〇年間と長くするにあたって、当の「一〇年」分を加えるため、その一〇年のプラス期間を、安寧の天皇紀内部で調整しようとしたという推理である。もともとが二八年間の在位期間だった安寧を、総計三八年間に変えるよう操作すればよいだけの話だ。

ところが、そのとき本来ならば、この一〇年の加算のために、崩御時の年齢も六十七歳にしなければならなかったのだが、その作業をし忘れ、「五十七歳」のままになってしまったというわけである（もちろん、意図的に後世に秘密をほのめかした可能性だってある）。これこそが井原の見つけてきた傍証である。すなわち、もともとの安寧の即位年はBC538年で、在位年数はBC511年までの二八年間だったのだが、そこに一〇年の加算が行なわれたため、即位年も前倒しされた（BC548年）。付随して生年ももとがBC568年だったから、BC511年に死亡したのなら享年はたしかに五十七歳でよかったのである。少々ややこしいが整理してみるとこの意味がジワジワと浸み透ってくるはずだ。なお井原は、ここに関して、『日本古典文学大系』の『書紀』安寧紀の頭注に《……計算すれば、ここは六十七歳になるはずで、合わない》とあることを参照した。それだけ、正統派の歴史解釈においても、この奇妙な矛盾は有名だったというわけである。これらを私が図式化したのがこの年表である。

図式のポイントは、安寧の崩年（BC511年）は変わらず尻合わせになっているということ。在位期間で調整したのだから古い時代に前倒しになるわけだ。上の「幻の皇統譜そのII」のほうが安寧の誕生年が新しい（時代が下っている）ことを見てほしい。三十歳で即位して三八年間在位し

【直前設定「幻の皇統譜そのⅡ」における編年の操作箇所】

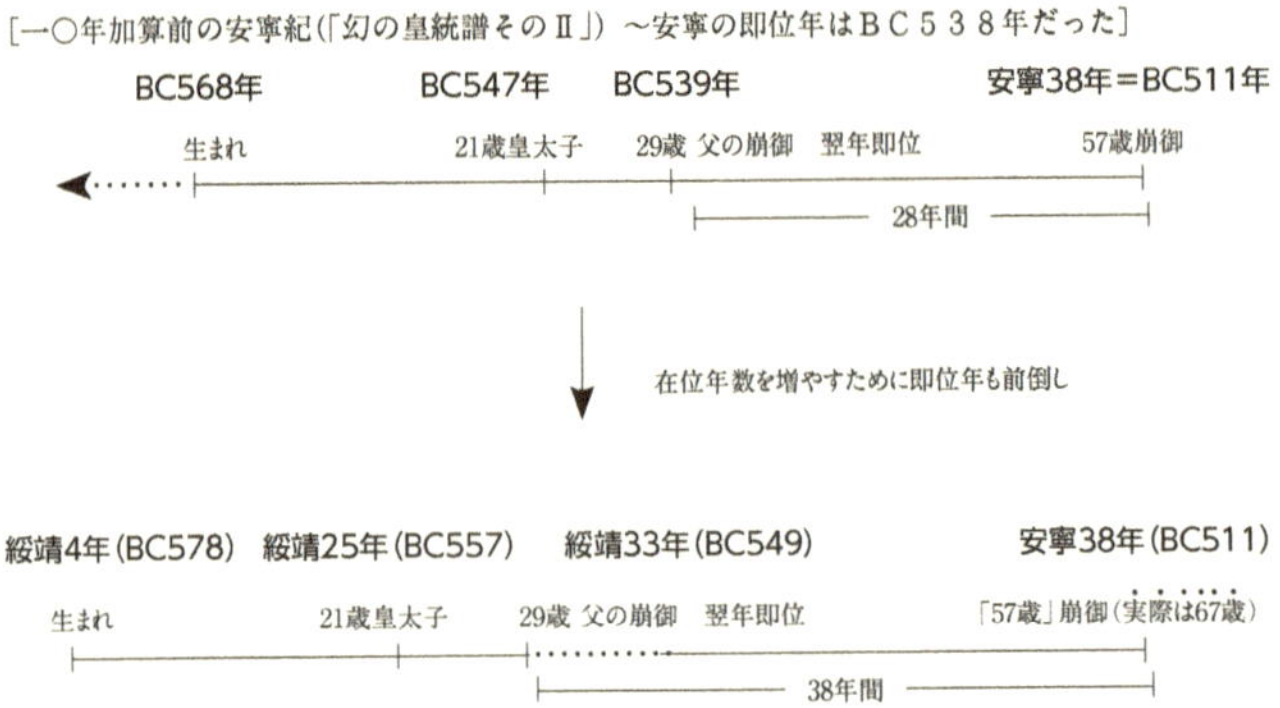

たら六十七歳にならなければならないのに、書きミスがある（「五十七歳」）。だから本来は、「幻の皇統譜そのⅠ」（現状の孝霊即位年が「第一部の首」＝皇紀元年）が存在していたものの、それが改められて、さらに六人の天皇が加えられるという別の新たな「幻の皇統譜そのⅡ」（神武がＢＣ６５０年＝辛未に即位）ができた。だが、それもが書き改められて、現在見られるような皇統譜が誕生したというわけである。

特筆すべきは、こうした複雑怪奇な編纂作業過程を後世の人間が井原研究によることで追体験でき、そのプロセスそのものが見事に透かし見えてくる点である。長大な日本の歴史上、はじめてこの重要な天皇紀の「システム」に気づいた真の「文化」功労者とも言えるだろうし、大いに顕彰すべき理論的達成であった。

ちなみに前記した神武と孝霊の享年の差について最後にダメ押しのために検討しておく。
もし、井原説そのままに、孝霊が神武の最初のポジションであったとすれば、神武と孝霊の享年だって本来は同じであるべきであろう。だが、実際はこのように一歳の差があるのだ。そのことについて井原は、『《神武の死亡年齢は一二七歳、孝霊の死亡年齢は一二八歳と一年の誤差があるが、これは『日本書紀』の編纂者の単なる計算違いであろう。》とあっさりと片づけようとしているのだけれど、それは井原にしては甘い観測で、実情はちがう。律令国家の編史官が明らかに意図したものと私は思う。

［A］**神武**の生没年と享年（書紀）　**BC711年（庚午）～BC585年（丙子）**　百二十七歳
［B］神武の生没年と享年（皇統譜そのⅡ）　BC701年（庚辰）～BC575年（丙戌）百二十七歳
［C］**孝霊**の生没年と享年（書紀）　**BC342年（己卯）～BC215年（丙戌）**　百二十八歳
［D］孝霊の生没年と享年（理論的仮説）　BC341年（庚辰）～BC215年（丙戌）　百二十七歳

井原は執筆した段階で石渡理論を知らぬはずであり、古代史においていかに「庚辰年」が重要なキーになっているかなどということを考慮しようもなかった。だからこそ計算違いだろうと語ってすませているわけだ。だが実際に、この一歳差を調整するとどうなるのか？　Cのように孝霊が百二十八歳ではなく、Dのように百二十七歳で崩御したと考えてみるのである（すなわち、孝霊生年をBC342年ではなく、一年遅れのBC341年として調整してみるのだ）。するとこの理論的仮説（D）では、否応なく、BC341年としての「庚辰年」がまた出現してくる。おそらく編纂者たちは「幻の皇統譜そのⅠ」を隠蔽するために、孝霊の享年と神武の享年を少しでも離そうとしたにちがいない。それが少々苦しまぎれの変更につながってこの一歳差になったものと私は見る。

では、なぜこうも「庚辰年」ばかりが出現するものなのか、改めて、年表の諸情報を見ながら詳説してみたい。

「昆支大王」の数値的証明

まずは、孝霊の現ポジションにこそ「**初期神武**」が設定されていた——という秀逸な井原仮説を石渡も採用した。武烈はもとより不在であり、継体直前の天皇・武烈の没年を昆支が崩御した年と見て取った（①）。

武烈を「倭王武＝昆支」と見なすということの考え方から（逆に言えば、継体からはリアルな実年代記録になっているという考え方から）、①として推定された昆支崩年（丙戌）が、そのまま「初期神武としての孝霊」の現崩年（丙戌＝ＢＣ２１５年）に反映されているとした。だから、この孝霊崩年（ＢＣ２１５年）はもとより、②のプレ神武の崩年（丙戌＝ＢＣ５７５年）も武烈の崩年（丙戌＝５０６年）も見事に三つともが丙戌として対応するはずだったのだが、②→③という神武崩年の「一〇年繰り上げ」が行なわれてそうはならなくなった。もちろんそれは、『書紀』編纂者が直前設定である「**プレ神武**」辛未即位（④）を、辛酉即位（⑤）に繰り上げて修正し、「辛酉」革命説に微調整したためである（讖緯説を踏まえた井原説）。

したがって、逆に⑤の現状を「幻の皇統譜そのⅡ」だった直前設定④に戻すと、⑥のプレ神武生年＝ＢＣ７０１年（庚辰）も見えてくる。この庚辰年（⑥）は石渡によって仮定された昆支生年＝４４０年（⑦）とも一致する。

もとより石渡理論では「応神天皇＝昆支」とされるため、応神生年は『書紀』どおりの庚辰年（２００年）に干支四運を足すことで、昆支生年（４４０年）が推定されていた。

さらに言えば、プレ神武即位年（ＢＣ６５０年）とされた設定④が「辛未」であることからも（孝霊即位年も当然のように辛未）、改めて、婿入りした加耶系崇神王朝ではなく昆支自らが「新王朝」の大王として即位したのが、辛未年つまり「４９１年」として推測される、というわけである（⑧）。石渡は実際ここまで詳説したわけではないが、私が理論的に代弁してみた。

井原理論を援用したこの石渡理論の確度は、井原が自身の論文で応神の生年や崩年などをことさら問題にしていなかったことからかえって凄みとして伝わってくる（実際に、井原論文では、孝霊の崩年干支が丙戌であることの意味に言及すらしていない！）。

思い返せば、武烈の崩年（丙戌）を石渡が昆支の崩年と見なすこと（①）からこの干支による〝論理ゲーム〟が開始されたわけなのだが、井原が採用した「初期神武としての孝霊」の崩年干支（丙戌）とすぐさまぴったり一致を見た部分には本当に震えが来た。まるで呼吸が止まったかのような静かな感動がこみ上げてきたことを覚えている。

庚辰年（200年）が『書紀』で公的《オフィシャル》な応神の生年であることから、それが昆支の生年干支（440年）であるだろうと想定した仮説が、こうも必然的な美しい結果（「BC341年＝庚辰」や「BC701年＝庚辰」）を伴って回帰してくるという驚くべき事態にもよくよく注目してもらいたい。井原の読み解いた編年構造が石渡の推理によっても裏書きされたという、これは奇蹟的な「時点《スポッツオブタイム》」（ワーズワース）ではないだろうか。

本章の最初に戻れば、石渡は、昆支の生没年をもとにして、『書紀』における神武の生没年が決定されたと考えたわけだが、それがこのようにきっちり証明されたという次第である。干支は六〇通りあり、確率的にも六〇分の一ということを考えてみてもらいたい。

一蔀の「最後」にこめた「意味」

この干支による編年構造の謎について、とある指摘が古代史研究において提起されているので、それをピックアップし、さらなる〝真実の奥の奥〟に迫ってみたい。先に述べた「一蔀」をめぐる古代史家たちの考察をもう少し深掘りしてみる。

問題提起した学者が「三王朝交替説」の水野祐であり、水野は、日本の一蔀は、一二六〇年間ではなくて、一三二〇年間ではないのかという所論を展開した。その考え方はシンプルだがずいぶん有効だった。というのも、神武即位年がＢＣ６６０年でありその年が「第一蔀の首」であることには衆目も一致していたのだが、肝心の（一二六〇年としての）一蔀を踏まえた「次の辛酉年」（第二蔀の首）は、その場合、６０１年になる（既出）。問題はそこで、この年はあの「聖徳太子」が斑鳩宮を造営したという出来事がせいぜいなくらいであり、国家イベントとしてはインパクトに欠けていたのである。

そこで水野は、この一蔀＝一二六〇年説に異議を唱え、新たに「一蔀＝一三二〇年」説を提起したわけだ。一三二〇年後ならば６０１年ではなく、６６１年が特別視されることになる。水野が典拠としたのは、平安朝きってのインテリ三善清行《みよしきよゆき》による一三二〇年説である。平安期の学者たちにとっても一蔀の扱いは単なる占いといってすませられぬ重い問題だった。現に三善の提唱によって醍醐天皇の世にわざわざ「延喜改元」が行なわれたほどである（延喜元年＝901年＝辛酉）。

そしてこの661年とは斉明天皇が崩御し、天智（中大兄皇子）が称制して政務を執っている年なので、大化の改新で活躍したスター天智を顕彰する意味で、8世紀の編纂者たちがその年に照準を合わせてきたという考え方はありえたのだ。インパクトの弱い601年よりはずっと661年のほうが真実味もあったので、これはこれで卓見だったのである。

だが、それだけではまだ事足りないのではとさらに深く考えたのが石渡だった。この石渡説はぐっと迫真的である。一三二〇年説を有効だと受けとめつつ、その真の理由を別のある劇的な時点に見出したのだ。つまり661年を大変革の年（辛酉）としたことは肯定しながらも、その選択には「裏の意味」があったと指摘した。それこそが、661年の前年660年における〝百済の滅亡〟という朝廷にとっての最大の出来事であった（新羅によって滅ぼされた）。

7、8世紀に入ってのちも、当時の為政者たちにとって、いにしえの応神と継体の両雄による王権樹立の古記録と記憶は受け継がれていったに相違ない。百済系の血脈を引く、天智や天武、そして彼らの子孫たちにとっても、この〝失われた王国〟百済の「しるし」はどこかしらに刻印しておきたい事柄だったはずである。表向きは万世一系の皇統譜を造作していった古代為政者と官僚たちも、660年というこの悲劇の「メモリアルイヤー」だけは忘れようと思っても忘れることのできないつらいものだった。つまり、660年で一つの歴史が終焉し、翌601年（辛酉）から新しい歴史が再開された――という意味を古代人たちがこの年にこめていたのではないかと推察したのである。

実はこれにつき私が史料から見出したちょっとした傍証がある。

先の三善はその有名な『意見封事十二箇条』（914年）で、**《皇極天皇六年（660年）庚申**より、延喜十一年（911年）辛未まで、わずかに二百五十二年、衰弊の速やかなることまたすでにかくのごとし。》という一文を残している。

醍醐朝において律令国家の土台がゆらいできている様子を慨嘆しているわけだが、当の661年（辛酉年）ではなく、「皇極天皇六年」＝660年をわざわざ基点に置いてカウントしているかのようであり、石渡による「660年＝特異点＝百済滅亡」説のなによりの補強であり有効打になっている。

さてまた、この点につき林順治がすこぶるユニークな考え方を披露している。この故国が失われた倭人たち（故国喪失者）の悲しみが、きらびやかなのちの王朝文化のなかに「もののあはれ」と言われるようないわく言いがたい情緒を醸成していったのではないかというのだ。文学的な視点からの精妙な指摘だと評価したいし、この661年の裏に隠されていた〝**660年（百済滅亡）という真実の奥の奥**〟への指摘は、百済系の倭国が応神時代に成立していたという古代史観を持ちこまないかぎりはあらわれてこない考え方であった。

換言するなら、これはいわゆる「歴史の終焉」論に相違ない。今は亡き故国へ贈るいわば〝挽歌〟のような意味合いではなかったかということだ。林もとくに指摘するように、そもそも661年という年に起こったイベントは《今一歩、迫力不足》であることも否めず、その意味でもこの660年説の発見は、石渡以外なしえなかったものであり、かつ百済系倭国の存在に対する裏側からの傍証ともなったのである。

編史官たちによる「あざとい作為」——神功皇后はなぜ六九年間も摂政だったのか?

さて、水野はこの一三二〇年説を単に指摘しただけではない。この一三二〇年間になる前はもとより一蔀はやはり一二六〇年(六〇年×二一倍)であったはずだったとし、この辛酉の基準点(661年)から遡ったBC600年(辛酉)こそが最初の神武即位年(皇紀元年)であったと推定した(その場合は、BC600年~661年となる)。しかし、それならばなぜBC600年から660年がさらに前倒しされてしまったのだろうか? BC600年自体はすでに辛酉年なのだから、そこから遡る必要はない。そんな疑問だって当然生じてくる! その謎について水野は、神功皇后の最初の摂政期間(初期設定)を調整し、そこから六〇年を改めて架上したためであるという斬新な説を用意したのだ。なるほどこれは傾聴に値する問題提起であった。

ちょうど井原が掲げた天皇の〝第二グループ〟で言うと、「仲哀〜神功皇后〜応神」の在位期間は合計一二〇年間であり、そのうち神功皇后の摂政期間は六八年間＋四か月間（201年〜269年四月）であった。実質は、夫・仲哀の亡くなった200年二月から政を後継しているので、六九年間。常識的に考えて、この六九年間という長すぎる摂政期間は奇妙である。

水野説によれば、もともとこの摂政期間は（そこから六〇を差し引いた）たった九年間だったという。反対から言えば、神功紀がもともと九年間にすぎなかったものが、なんらかの理由で大幅に六九年間へと引き延ばされたものであると捉え返したわけである。皇后は百歳という長命であって、三韓征伐はじめ事績もとにかく豊富である（なによりも古代史においては応神を生んでいる）。

要するに元来は摂政時期は九年間、享年は四十歳という小ぶりな規模に終始する「予定」だったはずが、「ある理由」のために六九年間もの長きにわたって摂政をつづけるという「設定」に変更されたのだ、と水野は説いた。自分の息子が成人するまでの中継ぎとしてその母が政治の表舞台にかりそめに登場するというのならまだ理解もできようが、応神が生まれた200年から当の息子がじきに七十歳になる年（269年）まで摂政を務めたなど、そもそも法外な設定にすぎる。その点で、この水野の指摘は合理的であったし、摂政時期が九年間ならばいくらかは現実的な数字にも見えるというわけなのだ。

そして、なによりも水野説が光っていたのは、このように六〇年の架上が後で実行されたことの「理由」についての説明が、以下のように明瞭だったことである。

この神功皇后（生没年は170年～269年）の最初の摂政期間（初期設定）を水野にならって算出してみれば、「**261（260）年～269年**」の九年間が想定される。この初期設定から前に（過去時に）六〇年分を足すと、摂政期間は「**201（200）年～269年**」となる（最終決定で、現行の『書紀』）。この「神功皇后の時代」にいったい日本列島になにがシュッタイしていたか、ということを改めて考えてもらいたい。実はこのように六〇年が前倒しされることで、この神功皇后の摂政時代がそのまま邪馬台国を都とした倭の女王・卑弥呼の在世期間に見事に合致し、神功皇后が卑弥呼に同一視される（あてはめられる）という決定的な効果があったのである。

この水野の推理はなかなか水際立っていた。たしかに卑弥呼は239年に魏に遣使し、次代の（おそらく）台与が266年に西晋に朝貢している（『晋書』）ことを思えば、神功皇后の現状の摂政期間は卑弥呼たちの在位期間と完全に一致するのである。

実際に『書紀』神功紀を読めばわかるのだが、本文中に突然、《魏志倭人伝に倭の女王が魏に大夫難斗米らを遣わすという記事がある》という記述が出てきて、読み手があっさりと読み流してしまうと、この《倭の女王》という曖昧な言い方により、現に読まれつつある神功紀のコンテクスト（文脈）においては、当然のように《倭の女王》＝神功皇后という置き換えが脳内で自然に行なわれてしまうよう仕組まれているのである。しかもだ、266年の朝貢について台与の名は『書紀』にはなく、《倭の女王》とあるだけだから、「卑弥呼―台与」のふたりがまるで〝ひとりの《倭の女王》〟であるかのように、なおかつ神功皇后と同格に見えるように『書紀』がわざとらしく作為していることも伝わってくるのだ。

この神功紀に施された仕掛けはかなりあざとく、むしろ失笑してしまうようなところすらあるのだが、編史官たちが大真面目であることも同時に漂ってくる。あまりに姑息な小細工ではあるものの、紙における記録情報というものが特権的であった時代においては、それが政治的意図を伴ったプロパガンダ（広告・宣伝）として機能するには十分だったということなのであろう。実にあざとくも合理的な六〇年間の前倒し加算だったわけである。

幻の皇統譜はこうして神武譜になっていった――最初期設定「プレ孝霊譜」からの四段階説

ここで水野説を私が概説したことで、一つ二つ違和が生じてくるのに読者もお気づきかもしれない。水野は、井原が展開した孝霊を首部としていた「幻の皇統譜そのⅠ」のことを踏まえているわけではないので、端的に両者の理論がどこかで背理するような感覚が生まれてくるはずだ。水野自身は単に『日本書紀』編纂段階において、はじめＢＣ６００年であった神武即位年が、神功の摂政時代を卑弥呼らに該当させるためにあえて前倒しに六〇年プラスされたことで、ＢＣ660年へと遡り、結果として一蔀が一三二〇年に見えてしまった、と言っているにすぎないからである。当然ながら途中の孝霊をめぐる「幻の皇統譜」のことまでは水野は射程に入れていなかった。石渡—林ラインでもそれぞれの説への言及はあるがこのことに整合性を通すような言及はしていないので、私が改めて「横串を刺す」ことで一連のことに「統一理論」が可能かどうか、きっちりと筋が通るかどうかを再検討してみたい。

そこで辻褄が合うように、そして手順前後にならないように情報の交通整理をしてみると、実際はこのような編纂過程が進行していったのではないかと私は推理した。

述べてきたように「幻の皇統譜」は二つあったわけだが、結論的に言うと、その前段階に、最初期設定「幻の皇統譜その0」がもう一つあったのだと仮定されざるをえないのだ。以下に示すような「三段階」を踏んでから、現状の『書紀』皇統譜（以下の④）に逢着したと見る考え方——「皇統譜四段階説」を改めて披露したい。時系列的な一覧でまず確認してみよう。それぞれの編纂段階における諸情報も入れてみた。

①幻の皇統譜（その0）「プレ孝霊譜」（仲島説）

第一蔀＝ＢＣ230年（辛未）孝霊（初期神武）即位

→神功皇后の生没年は「230年～269年」
摂政期間（神功紀）は九年間（261年～269年）
○なお孝霊崩年はBC155年（丙戌）
○応神の生年は260年（庚辰）で『書紀』設定より六〇年遅く、十歳で即位し、五十歳で崩御。
没年は310年と不変
→ここからの作業①：**「神功皇后＝卑弥呼」と見せかけるために神功紀に六〇年を足した**

②幻の皇統譜（そのI）「孝霊譜」（井原説）
第一蔀＝BC290年（辛未）孝霊（初期神武）即位
→神功皇后の生没年は「170年～269年」
摂政期間（神功紀）は六九年間（201年～269年）
○応神の生年は200年で『書紀』設定どおり。その分、七十歳で即位という無謀な設定になってしまった
→ここからの作業②：辛酉革命説（一蔀）を初めて意識して、**六代（神武含む）三六〇年を足した**

③幻の皇統譜（そのⅡ）「プレ神武譜」（井原説）
第一蔀＝BC650年（辛未）神武即位
↓結果、神武崩年は丙戌（武烈と同じ）で、神武生年は庚辰（応神と同じ）
○ちなみに神功皇后も応神天皇も生没年、在位期間などすべて「孝霊譜」と変わらず
↓ここからの作業③：（②とほぼワンセットで）さらに辛酉年に合わせるために、**一〇年を繰り上げて最終アジャスト**

④皇統譜（『日本書紀』「神武譜」）
第一蔀＝BC660年（辛酉）神武即位
↓結果：第二蔀の首が661年にも601年にも見える曖昧さが残った。

この一覧を書き起こすにあたって、私自身もまるで太古の編史官よろしく神功皇后や応神の生没年などを試しに算出してみたのだが、思いのほかそれは簡単な作業であったことをまず読者の皆さんに伝えておきたい。『書紀』が干支紀年法を用いて編纂されていることはまちがいなく、ひとたび干支で各情報が分散され付置されているかぎり、そこに干支一運（六〇年）で時代や世代を前や後ろにずらしてゆくのは極めてたやすいことなのが実地に試してもよく理解されたものだ。

ポイントは幾つかあるが、まず前提として、六〇年の加算を、後ろ倒しではなくて、「過去」の時間軸の方向に前倒しにしたということが重要である（後ろ倒しに現在時の方向に積み上げてゆくわけではないことに注意）。

さらに、この①として私が浮き彫りにさせた「プレ孝霊譜」だと、応神は260年生まれとなる。この時、編纂者たちの立場に立ってみれば、440年生まれとされている昆支の生年を元ネタにして、干支三運を繰り上げ、260年を彼らは定めたと思われる。先述したように、応神紀では干支三運の差がしばしば見られるところであるから、これはうまく平仄が合うのだ（むしろ、応神の誕生年が、昆支の誕生年440から干支四運繰り上げられているほうがイレギュラー）。

また、この時は、「初期神武たる孝霊」が即位したのはBC230年であり、応神が崩御した310年までの合計期間――井原が唱える「第二グループ」のことである――は五四〇年間となる（当然だが、現状より六〇年少ない）。だから「プレ孝霊譜」が構想された当初は、九人の天皇（孝霊～応神）で「干支一運の天皇紀」が組まれ、九×六〇でこの五四〇年間が算定されていたはずである（この場合は、神功皇后はカウントされないのでなおさらきれいに並ぶ）。

だがそこから、六〇年を遡らせつつ期間を長くふくらませたいという公的な要請（命令）があったために、神功皇后の摂政期間を無理やりプラス六〇年することで（作業①）、神功皇后の生年も230年から170年へと前倒しになった。その際、応神の生年をまったく動かさなければ、応神は神功皇后が九十歳の時の子どもというおかしなことになってしまうので、当然、応神の生年も六〇年前倒しにされ200年という現状のものに落ち着いた（だから現状でも、応神は神功皇后が三十歳の時の子）。これらの結果、神功紀のボリュームが増え、「九人の天皇紀」から孝霊～応神での「一〇人の天皇紀」が生じた。

このプレ孝霊譜と孝霊譜の編纂時期には、辛酉革命説が重視されていなかったことになる。孝霊譜が完成してからそれが意識され、あのような数合わせが行なわれていった。遅くとも孝霊譜の完成後にはあの660年（百済滅亡）を特異点としつつ、かりそめの661年（辛酉）をめぐって調整作業が進行した。

加えて念のため言えば、水野説の皇統譜（BC600年～660年）の段階から、神功皇后の摂政期間を長くするという〝最終アジャスト〟の結果として、神武即位がBC600年からBC660年に前倒しされた――という考えはこの私見からも否定される。あくまで「プレ孝霊譜」編纂時代の作業①としてかなり早い段階に六〇年加算は行なわれ、結果としてのちのち（作業③のあとで）BC660年を指差したということである。つまりここの流れを語るとこういうことだ。〈各天皇紀の記事を書いては埋めつづけ、なんとか神武即位年をBC600年という辛酉の年に設定させることに成功したのち、神功皇后の治世年間に六〇年間を加算すればちょうど卑弥呼の治世年間にも等置できるという好都合さを見出して、そこでさらに六〇年間を神功紀内でふくらませて、結果、ＢＣ６６０年が神武即位年になった〉——というわけでは全然ない、と。

換言すれば、はじめから「ＢＣ６００年＝首部」の皇統譜というものは存在しなかった、と私は強調したいわけだ（③の「プレ神武譜」のように首部がＢＣ６５０年の時代はおそらく短期間、もしくは過程上の一瞬はあったとしても）。これらのことは水野はおろか、石渡—林ラインでも論究していないことなので、ちょっとした水野説への批判的乗り越えかつ統一理論のために私見を述べた。この「プレ孝霊譜」のことが浮き彫りになってみると、現状の神功紀の〝異常な設定〟を逆から透かし見ることができる。それが六九年間も次世代の天皇（応神）のために摂政を務めざるをえなかった神功皇后設定の不自然さであり、それゆえに応神は七十歳の高齢で即位する羽目（設定）になってしまったのだ。

だがこの「プレ孝霊譜」を導入するなら、神功皇后が務めた摂政期間は六九年ではなくて九年であり、「胎中天皇」と言われていた生まれながらの天皇である応神も、神功皇后が崩御したために十歳で即位したというふうに設定できる。応神は八幡神の本体であるわけだが、八幡神社関係の史料によれば（『八幡宇佐宮御託宣集』など）、童子が出現して、大神比義（のちの宇佐八幡宮初代宮司）の眼前で、「辛国の城に始めて八流の幡と天降りて吾は日本の神となれり」と託宣したという有名なひとコマがある。もともと応神が幼少のみぎりに補佐したのが神功皇后という設定となっていたのなら、童子であることにも合理的な説明がつく。加えて、神功皇后のように天皇もどきで摂

誉田八幡宮（誉田山古墳の南側）

「八幡神の正体」は応神天皇にほかならず、ここの主祭神も応神天皇。史料的にも八幡神が「辛国」からの出自を自ら名乗っている点も動かしがたい事実である。誉田八幡宮が所蔵している「金銅製透彫鞍金具」と北燕の遺跡からの出土物とのあまりの類似性は本文で言及した。

政（しかも天皇不在）を長年務めたことの不自然さを解消できるのも大きい。結果として皇后の摂政期間が大幅に伸びたことで、『書紀』のストーリー（三韓征伐など）も「盛る」ように要請されてゆかざるをえなかった。外形・形式（フォーム）が内容（コンテンツ）を生んでゆく一例であろう。

これらをひっくるめたいわば初期設定が、当然だが、事情に応じて様ざまに書き換えられていったのが『書紀』の編纂の過程ということになる。これが、事態が無矛盾になるように私が再構成した皇統譜の流れである。

膨大な資料を前に編史官らが眼もくらむような時間と労苦をかけて完成したのがこの『書紀』であった。もとより、井原は、孝霊の崩年干支が丙戌であることが、武烈（＝昆支の仮象）の崩年干支から必然的かつ理論的に定められたことなど知る由もなかった。水野―井原―石渡というふうに数多くの研究者の学説が批判的に乗り越えられながら結ばれてゆくことで、この編年構造の謎はようやくここまで解かれた。これぞ学説的な「編集工学」（松岡正剛）の極みではないかと思われる。

【皇統譜と「一蔀」についての二つの解釈】

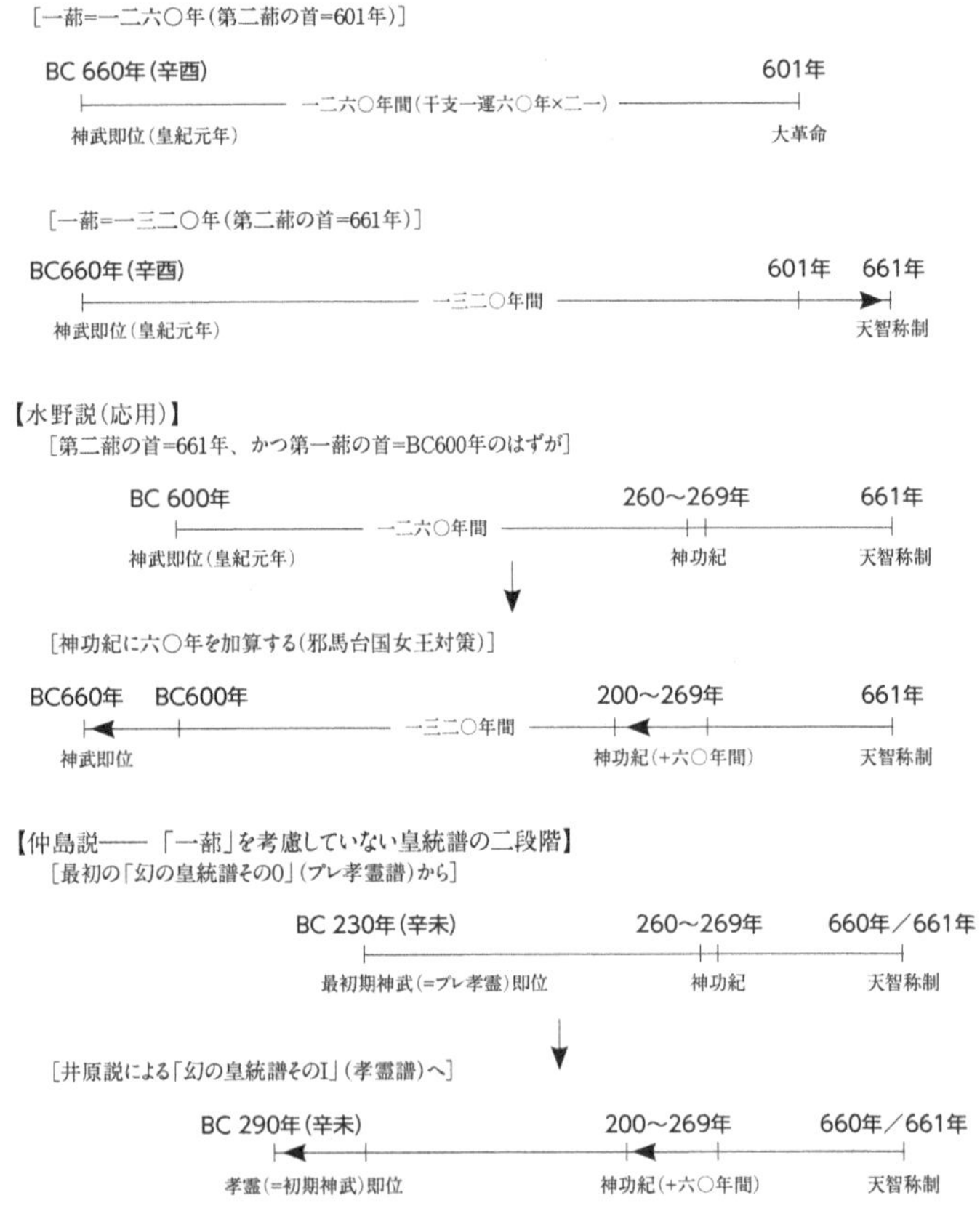

第4章　後継・継体朝から531年のクーデターへ

——欽明＝ワカタケル大王の登場

古代朝鮮半島と加耶諸国（4C〜6C）

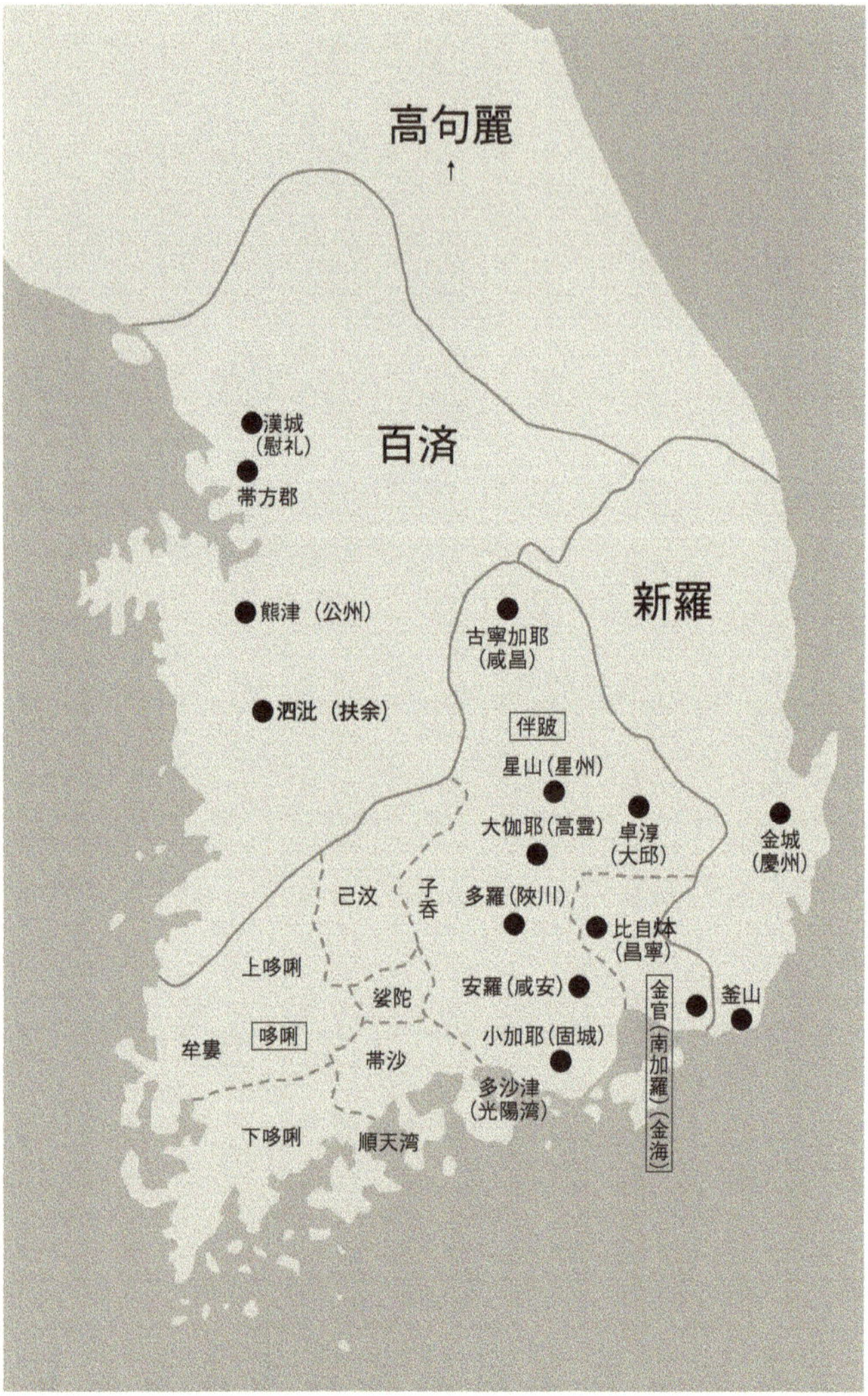

男弟王＝継体の時代——昆支から末弟「余紀」へ

第3章では、「応神の分身」として雄略と武烈が、なによりも神武（孝霊含む）が設定されたという石渡説を披露した。その端緒として武烈の崩年が応神（昆支）の実の崩年と等置されうるという考え方を確認した。跡継ぎのいなかったという武烈が虚構の存在であることは、その事績に語られる残虐非道ぶりからも十二分に想像されることである。雄略には君子たる一端もまだしも感じられなくもないが、武烈は妊婦の腹を引き裂いたというような猟奇的な性質と行動が記事にあふれ、『日本書紀』もなぜかそれらを隠そうともしていない。そこに強いメッセージ性をかえって触知できるほど。

その公式『書紀』ですら、武烈の死後、次の継体が即位するまでにはあたかもひと悶着があったかのような経緯が描かれている。継体（男大迹王）は応神天皇五世孫（男系）という薄氷を踏むような「公式設定」でつながっていて、生い立ちの地「近江—越前」ルートを経て、畿内にやってくる事績が語られている。継体の父は彦主人王《ひこうし》とされ、その本拠地である近江（高島町）で生まれるものの、父が亡くなったのちは母の振姫の郷里・越前（三国）に行くこととなる。それが武烈の死後、大伴金村らの要請で越前からわざわざ朝廷に迎え入れられ、男大迹王は樟葉宮（枚方市）で即位する（時に五十八歳）。

そののち筒城宮（京都府綴喜郡）、弟国宮（向日市）へと移り行き、526年にようやくにして磐余玉穂宮《いわれのたまほ》（桜井市池之内）へと遷都してくるのだ。奇妙なのは、即位からヤマトに入るまでの二〇年間の事績分があるはずなのに、『書紀』は継体十七年の武寧王の死亡記事、翌十八年の百済太子明（聖明王）即位記事だけしか述べていないことである。このいい加減さがいかにも創作めいており、気になるところだ。

前後の流れを地勢も含めて見直してみよう。506年に崩御した応神（昆支）の晩年には、畝傍山東南のヤマトの地に応神の宮・軽島之明宮（橿原市大軽町）はあったとされる。隅田八幡鏡の解読内容や兄弟相承制を考えるとき、そのまま王権を継いだ継体が遠からぬ「意柴沙加宮」（＝忍坂宮／桜井市忍坂）で即位したという流れで何の問題点もないのである。継体も遅くとも503年にはヤマト入りしており、日十大王（応神）のそば近くでナンバー2として控えていたことが了解されるからだ。継体も後年（『書紀』）には応神が営み崩御したという軽島之明宮の北東にまるで過去を懐かしむかのように宮殿（磐余玉穂宮）を築く。このように史跡群の場所的な流れも悪くないにもかかわらず、『日本書紀』は複雑怪奇な設定（即位していない天皇たち）をわざわざ応神と継体のあいだに持ちこんできているのが感得されるのだ。

だからこそ、応神の次の第十六代**仁徳天皇**からあと、**履中**、**反正**、**允恭**、**安康**、**雄略**、**清寧**、**顕**

宗、仁賢、そして第二十五代の武烈までの一〇人の天皇たちは創作された天皇たちだという石渡説も十分に成り立ちうる。履中以後の五人はとくに倭の五王と対比されることもままあるので実在説もいまだに根強いけれども、清寧から武烈までは異様な事のなりゆきもあって石渡にかぎらず少なくない研究者が不在説を唱えている。そもそも、「体を継ぐ」という漢風諡号が物語っているように継体のネーミングも継体紀の事績もあまりに謎めいている（百済がらみの出来事ばかり）。水野が説いた王朝交替論のもうひとりの主役として、古代史上ことに注目されてしまうのも当然である。そして石渡はこの継体を百済王子（昆支の弟）と見たが、とくに林順治は継体を「百済王子の余紀」であると具体的に名指している。この林の「継体＝余紀」説は、ほかに特定されるような者がいない点でも継体候補の一番手である。私は、確定的でないことは、たとえ石渡説の一環でも首肯せず含みを持たせる方針を採っているつもりなのだが、この場合は、「継体＝余紀」を積極的に採用しない理由もないので、林説を推したい。

真相のために林が俎上に載せる史実はこうである。『宋書』によると、457年に鎮東大将軍となっていた百済蓋鹵王（＝余慶／昆支の兄）は、翌年、宋に対し「行冠軍右賢王余紀等十一人」の除正（官職に就くこと）を求め、認可されている史実がある。注目されるのは除正願いで「余紀等十一人」というふうに序列のトップを左賢王の昆支ではなく「右賢王余紀」としていること。次いでこれら除正された将軍号は征虜将軍（左賢王余昆）、冠軍将軍（余紀）、輔国将軍（余都）とつづく。余昆はもちろん昆支のことで左賢王は右賢王よりも上位で百済ナンバー2、余都は昆支の叔父であるのちの文周王のことである。

アジア史学者たちも戸惑っているこの奇妙な事態の矛盾を衝いて、林はたとえば、余紀の母が昆支の母よりも高貴な家柄の女性だったのではないかという卓抜な見方を示唆しており、一つの矛盾の解決にはなりえている。昆支を440年生まれとすれば（既述）、征虜将軍に除正された時は十八歳の若さであり、余紀は数歳以上年齢が離れている可能性もあって、弟であることは左賢王・右賢王の横並びで了承される。

『書紀』に継体は八十二歳で531年に崩御したとあるので、逆算すると450年前後の生まれ。応神（昆支）が既述したように440年生まれとすると、この兄弟は一〇歳差のふたりということになる。この微妙な年の差が、誉田山古墳と大仙陵古墳のちょっとした築造年の差にもそのまま対応してくるのだ。ふれたとおり大仙陵古墳と武寧王陵から出てきた出土物がそっくりだという事実も、この三者の陵墓（誉田山古墳、大仙陵古墳、武寧王陵）の近さを証拠だてている。

継体「嫡子」の欽明はなぜ「応神の子」と言えるのか？

応神と継体が兄弟である可能性を、継体の子らのことからアプローチしてみる。継体には年少の

「嫡子」＝欽明がいた。欽明が生まれたのは継体が六十歳近い高齢時になるわけだが、継体には当時、欽明の腹違いの兄である安閑天皇・宣化天皇という壮年期の息子らがすでにいた（安閑・宣化は同母）。不思議なことに、嫡子ではない安閑・宣化にはそれぞれ勾大兄と檜隈高田という幼少名と年齢設定があるにもかかわらず、皇后である手白香《たしらか》皇女の生んだこの嫡子（欽明）には幼名がなく年齢不詳（「年若干」）というのだからいかにも不透明である。皇后との婚姻と出生の年月が明らかならなんということもない情報なのにだ。傍系の兄たちの情報は詳細なのに、偉大な天皇（和風諡号は天国排開広庭天皇）と顕揚される欽明の幼年期の情報がなぜ曖昧なままなのだろうか？　どうにも裏があると考えざるをえない。

応神には、皇后ナカツヒメのほかに多くの妃がおり、妃のひとりにオトヒメ（弟姫）がいる。『書紀』では、このオトヒメが前出の河派仲彦の娘であり、このオトヒメが応神とのあいだにワカノ（ヌ）ケフタマタ皇子（稚野毛二派皇子）を生んだことになっている。そして石渡は、この稚野毛二派皇子こそ欽明天皇その人であると見ている（『古事記』では若沼毛二俣王）。だから欽明は「継体の息子」ではなく、「応神（昆支）の息子」だという見立てになってくるわけだ。すなわち真実の系譜（「応神―欽明」親子）が隠され、そこから「欽明」というピースが引っこ抜かれて、「継体の嫡子」という位置に無理やりはめこまれたために、不自然な記録が残ってしまったのではないかと。

たしかに欽明はのちに石姫（宣化の娘）とのあいだに敏達天皇をもうけるのだが、正史においては、「叔父（欽明）―姪（石姫）」の関係で、かつ自分の父（継体）の孫娘を娶ったことになる。いかに近親婚が多い古代とはいえ、ここにも創出感が漂っている。それが「欽明と宣化は兄弟ではない」ということになれば、欽明が継体系の姫を娶って政権の安定化を図ったものとごく自然に解釈できる。

なお安閑と宣化の和風諡号（『書紀』）のなかにはともに「武」の文字が入っているのも逆にほのめかしを感じざるをえない。欽明には「武」の字などまったくないから余計にである。見てきたように「武」とは倭王武や日本武尊（ヤマトタケル）の記号性にほかならず、昆支のイメージと名前そのものであるからだ。

それでは、なぜこのような父子関係の「つけ替え」のようなことが行なわれたのか（または、行なわれたと見なされるのか）――読者にはいささか疑念も生じてくることだろう。それは、以下のような恐ろしい記事が『書紀』に存在するためにほかならない。継体紀でもっとも不可解なその記事――継体二十五年（辛亥年）――の概要をまとめて示す。

継体二十五年（531年）春二月に、天皇（継体）は磐余玉穂宮で亡くなった。年齢は八十二歳である。ある本によると、天皇は二十八年甲寅年（534年）に亡くなったという。しかし辛亥年（531年）に亡くなったというのは『百済本記』にありそこから記載した。『百済本記』には「辛亥年の三月、日本の天皇と太子・皇子はともに亡くなった」という。これによると辛亥年は継体二十五年（531）にあたる。後に勘合する者が明らかにするだろう。

この意味深長でサスペンスフルな記述と展開が、あまりに衝撃的である。天皇と太子・皇子が亡くなるなどというのは、自然死ではないと言っているに等しく、禍々しい異変が王権内に生起していたことを告げている。政変つまりクーデター説が出るゆえんである（「**辛亥の変**」）。正史『書紀』では、531年十二月の継体崩御のその同日に安閑が即位し、早二年後には七十歳で亡くなって、その跡を弟の宣化が取って即位した。ほどなく宣化も崩御し、次に政権を掌握したのは安閑・宣化の異母弟である欽明天皇ということになる（539年即位）。この兄弟による王権継承は、嫡子が幼少であるため中継ぎに安閑・宣化が即位したという考え方も一方ではあるのだが、結果からすると、王権を落手することになった欽明がもっとも得をしており、クーデター説における首謀者は当然ながら欽明であろうという説に辿り着く。たしかに兄弟で骨肉の争いをすることは古代でよくあることとはいえ、嫡子とされる欽明がここまでの大勝負に出ているというのは妙である。それゆえその出自に秘密が隠されていて、実は継体の息子ではなく「前王」の息子であったのではないかというふうにもごく自然に考えられたわけなのだ。

このように「辛亥の変」の是非については、そのおどろおどろしく不吉な記述内容もあって古くから喜田貞吉などの重鎮たちが論争をつづけてきていた。ただ兄弟間の権力闘争の域内でしか、彼らは把握できなかったきらいがあり、重箱の隅をつつくような論争内容になってしまっていた。それもこれも、継体以前のヤマト王権の展開が見極められないかぎり、どだい真相解読は無理だったということ（たとえば隅田八幡鏡における男弟王＝継体の「位置」などを彼らはまるで考慮できていなかった）。

これらの文脈をまさに「勘合」した現代の史家・石渡信一郎は、531年に生起したこの異変を明白な欽明によるクーデターと捉えた。石渡は、欽明の正体を「応神の皇子」というふうに見定め、具体的に応神の系譜から該当する皇子（稚野毛二派皇子＝若沼毛二俣王）まではっきりと見出した。そこから、応神から継体へと王権が兄弟相承制で移譲されるなか、さらに継体の皇子たち（安閑・宣化）へとそのまま権力が移行しないように、継体晩年もしくは継体死後（直後）において、応神の息子である欽明（稚野毛二派皇子＝若沼毛二俣王）が旗を挙げ、宣化ら有力な継体系皇子たちの勢力を排除したというふうに推察したわけである。この背景の具体性と踏みこみ具合が斬新な解釈だった。以下、石渡によるこの仮説に対し、私は別のアプローチで再検証してみた。ここで用いるのは「三つの系図」による類推である。

まず『古事記』において、穂積臣という有力者が登場する。彼には娘（弟財郎女）がいて、その娘をめとったのが成務天皇（第十三代）である。これを略図化すると、こうなる（図12）。

【図12　成務の姻戚『古事記』より】

穂積臣（建忍山垂根《たけおしやまたりね》）――**弟財郎女**（オトタカラノイラツメ）

成務――夫婦――**ワカヌケ**（和訶奴気）王

もう一つ、穂積氏＝忍山宿禰という有力者がいて、彼にも娘がい、その娘をめとったのがあのヤマトタケルである（図13）。加えて、記紀からピックアップした図14も併せてみる。

【図13　ヤマトタケルの姻戚『日本書紀』より】

穂積氏（忍山宿禰）――**弟橘媛**（オトタチバナヒメ）

ヤマトタケル――夫婦――**ワカタケヒコ**（稚武彦）王

【図14　応神の姻戚　『日本書紀』（右）『古事記』（左）】

（済＝）**河派仲彦**――**弟姫**（オトヒメ）
応神――夫婦――**ワカノケフタマタ**（稚野毛二派）皇子

（済＝）**咋俣長日子王**――**息長真若中比売**
応神――夫婦――**ワカヌケフタマタ**（若沼毛二俣）王

パッと見て、これらの系図が同一内容の書き分けであることがたやすく見て取れるであろう。それだけ類比（アナロジー）的な作為が認められるということである。時代もあまり変わらず、俗に使いまわしをした系図だとして有名な箇所でもある。石渡説においては、「ヤマトタケル」とは、応神（昆支）という実人物を神話伝説化した存在である。だから言い換えると、時間的順序として実在の応神（昆支）の妻だった「オトヒメ」の名前を「モデル」として、ヤマトタケルの「妻の名」も考えられた可能性が高いということだ。また『古事記』でもヤマトタケルの后に弟橘比売命がいるけれど、こちらのオトタチバナの父が記述なしというのもあって、系譜のいい加減な作為がありありである。

図14のとおり、息長真若中比売と弟姫は完全に同位置にあり、息長真若中比売の「ナカ」の部分は、皇后「ナカツヒメ」(『紀』で仲姫、『記』で中日売命)と同致している。つまり、息長真若中比売を実名にもっとも近いものと見て、そこから皇后ナカツヒメが命名されたと踏んでよいのではないか。

また図12、図13を見てもわかるようにヤマトタケルも成務も、人工的に等置されるような存在にすぎないわけで、両者がいかにフィクショナルな仮構を託されているのかが判明する。ヤマトタケルらの岳父・穂積氏(物部系の有力一族)は、祖神としてニギハヤヒを祀っており、既述したとおりニギハヤヒは『先代旧事本紀』ではそもそも「ニギハヤヒ=ホアカリ」と同一視されていて、ホアカリは『書紀』ではニニギの子もしくはニニギの兄である。少なくとも、ニギハヤヒ=ホアカリ系とも言いうる大きな日神系の一派が存在しており、この日神を祀る大きな一派――尾張連氏、物部氏、穂積氏――あたりは皆、第一先住王家(加耶系渡来勢力)の中核を占める(第1章など)。

いかに『書紀』編纂者らが、天孫族=天皇家の王統を神格化しようとしても、しかるべき勢力を8世紀当時もおそらくは誇っていたはずの一族(加耶系でニギハヤヒ=ホアカリを信奉する一族)の意向を無視することはできなかった。「先王たちの系譜」――すなわち「加耶系渡来勢力」としての崇神王朝――のいきさつや、物部系の伝承を揉み消すことは不可能だった。苦肉の策として、天孫ニニギに先立つ存在として、第一の天降り集団としてニギハヤヒ＝ホアカリを「設定」せざるをえない結果となったのだろう。

もし読者のあなたが『書紀』編史官だとして、余計な「天降り」を行なった人物たちの系譜など夾雑物そのものにすぎないわけで、本来ならば記録から抹消したいはずではないだろうか？　だがそれができなかったというところが、この『書紀』の政治性、人間ドラマの面白いところなのである。

さて、そこでポイントは、穂積氏＝穂積臣を、倭の五王の「済」と（類推的に）捕捉することで、これにより、複雑な状況がわかりやすく意味が通ってくることだ。『書紀』などによる図8を見てみよう（P70参照）。やはり図12、図13ともよく似ており、そもそもこうした応神の妻子名のヴァリエーション（変種）があちこちに散見されるのも、応神（＝昆支）という実在者が歴として存在していたことを思わせる。それゆえに周辺の関係系図（図12や図13など）に応神の妻子の名前のヴァリエーションが組みこまれ、神話化・物語化が進行していったのだ。察するに、崇神王朝に婿入りした男のその息子、すなわち稚野毛二派皇子《わかのけのふたまた》（若沼毛二俣王《わかぬけふたまた》）の名前が原形となっていて、その変形としてワカタケヒコノミコ（稚武彦王／ヤマトタケルの息子）やワカヌケ（和訶奴気王／成務の息子）の名前が考案されていったように見えてくる。それ以外にはこうも酷似した名前の関係性はなかなか考えにくい（K音とH音のように、T音とN音もよく古代においては入れ替わる）。

ここで考えをもう一歩進めてみよう。図12、図13、図14の関係性からも、「応神＝ヤマトタケル」中心の同体的な関係性に想到することができる。応神が核としてリアルに存在していたからこそ、ヤマトタケルや成務が記紀で造作されていったというわけである。ここで示されているのは、まさにアナロジー（類比関係）の方法である。

とくにヤマトタケルの息子の「ワカタケヒコノミコ」（稚武彦王）に関しては、ここで決定的に重要な名前を連想から呼び寄せることができる。いわゆる稲荷山鉄剣（埼玉県稲荷山古墳からの出土）に彫られた銘文（金石文）にある「ワカタケル大王」（獲加多支鹵大王）のことである。語ってきたように、「大悪天皇」雄略は応神の分身として設定された虚構の天皇であり、辛亥年は531年こそがふさわしい。〝教科書の定番〟としての説明では、この雄略が倭王武と等置までされている。だがワカタケル大王は5世紀ではなく6世紀前半を生きた大王であり、応神の子である。名前の類似性からもこの稚野毛二派皇子に相当させるのがもっとも合理的である。『古事記』の稚武彦王の表記も含めて、ワカタケルが元ネタ（源泉）であり、そこから雄略らの和風諡号も逆に「似せて」案出されたわけで、方向性を逆に考えないようにしたい。

「シキ宮」（二俣）にいたワカタケル大王――欽明の都宮＝磯城島金刺宮の理由とは？

また、ワカタケル大王は、稲荷山鉄剣銘文によれば「斯鬼宮」にいた（ワカタケル大王の「寺」が斯鬼宮にあった）と記されており、『日本書紀』における欽明の都宮が「磯城島金刺宮《しきしまのかなさしのみや》」（『書紀』では540年に遷宮）となっており、ワカタケル大王と欽明とが「シキ」つながりで関連づけられることが決定的に重要である。欽明はほかにも「志帰嶋天皇」（『上宮聖徳法王帝説』）などとも記され、音から言ってもドンピシャで、「ワカタケル大王＝欽明」説をやはり裏書きしてくれる。同時に、雄略の事績にはこの「シキ宮」との直接的なからみがなく、やはり雄略をワカタケル大王と結びつけることの無理やりな困難さや恣意性を示している。むしろ雄略は、前述したとおり河内にあった志幾（シキ）大県主の家が天皇の御舎（宮殿）のように立派であったことに激怒して放火までさせたという悪名高い挿話が残されているほどで、斯鬼宮との同調性はまるでない。雄略が敵視したとされる志幾大県主にこそ時の勢力家の実像が反映されているはずだ。

この応神の実子・稚野毛二派皇子は、年を取ってからの「最後の子ども」であったという予想すらつく。稚野毛二派皇子の別名が上記のようにヤマトタケルの息子の「ワカタケ（稚武）」である可能性は、以下のような対応関係を見てみるとわかってくる。

「武＝応神＝ヤマトタケル＝（倭武《ヤマトタケル》）」
「稚武＝欽明＝ワカタケル」

このような類比的《アナロジカル》な対応関係がきれいに見え、「応神―欽明」が親子である可能性もより高くなるはずである。深い霧に覆われていた5世紀から6世紀にかけての古代史の曖昧な輪郭が、あたかもキルティングをするかのように情報を片寄せ留めあわせることで、これだけクリアになってくるというわけなのだ。欽明に幼名がなかった不可解さについては前述したとおりだが、ワカタケルかそれに類した名前を実際は持っていたとしたら、『書紀』が隠蔽した理由も納得が行く。

もう一つダメ押しをしよう。応神と継体は五世代も離されて記録されているが、都宮が近いのだという話を先にした。関係して、誉田山古墳と大仙陵古墳という兄弟墓の張りあい方にも同じような係累の近さが示唆されている（既述。同緯度のこと）。

『書紀』では平田梅山古墳（檜隈坂合陵）が欽明の陵墓と記載されているものの、昨今の研究では、欽明の本当の陵墓と言われる見瀬丸山古墳（橿原市大軽町など）が、やはりこの応神の明宮（大軽町）の近くに位置している点も見逃せない。息子（欽明）が父（応神）の本拠地のそばに墓を築造するのは理にかなっている。『書紀』が意図的に離そうとしている応神と欽明が、このようにどうしても交錯してしまう。

鉄剣銘文の「斯鬼宮」をはじめ、この「シキ」という名前（地名）については「応神―欽明」の父子とその王権にとってとても重要な事柄なので、ここでいま一度整理しておきたい。一般的に古代で「シキ」と言えば、磯城郡（奈良市の南）の「シキ」が想起されると思われる。磯城郡は桜井市に隣接しており古代ヤマトの中心部にほど近い。けだし欽明の磯城島金刺宮も桜井市のとある場所に比定され「磯城邑」伝承地として碑まで建っている。

だが、欽明のシキ宮を、大阪平野の志紀の地にあったのではないかというふうに石渡は従来説を変更した。たしかに雄略が天皇の御舎に似ているとして放火した相手の志幾大県主は河内の県主である。その音のとおりの志貴県主神社という式内社が藤井寺市に所在しており、5世紀時点においては、奈良県のヤマト中心部から大阪平野に向かうベクトルで開拓事業が行なわれていったことも先に見てきたとおりである。この時期のシキは大阪平野のほうの志紀にこそ似つかわしいに相違ない。要するに権勢を誇っていた有力者（古代王権そのもの）が藤井寺市や八尾市のあたり（旧大和川が二俣に分かれるエリア）を押さえていたことが推量されるのだ。

「稚野毛二派皇子（若沼毛二俣王）＝欽明」ことワカタケル大王が都していた場所＝「斯鬼宮」は、大和国磯城郡ではなくて、律令制以降のいわゆる河内国志紀郡のほうにあったという石渡説にも、一定以上の説得力が生じているわけである。斯鬼宮の名前どおりならば、今の志貴県主神社

（藤井寺市）か八尾市二俣（旧大和川が二俣に分かれる地点）のあたりが文字どおり斯鬼宮に比定されてよい場所であるだろう。ちょうど「二俣」（国道二五号線）交差点のすぐ近くには「志紀駅（関西本線）」が並んでいるのも、ネーミング同士のつながりがぴったりであって、稚野毛二派皇子（若沼毛二俣王）が欽明天皇（志帰嶋天皇／磯城島金刺宮）でありうるという一つの証拠となっている。ちなみに若沼毛二俣王の娘の田井中比売が居住したと思われるのが現在の八尾市田井中であり、やはりこのエリアに関係している。

つまり、「稚野毛二派皇子（若沼毛二俣王）と欽明」を等置させないために、応神と欽明が親子であることを隠し両者を切り離すために、『書紀』は欽明の都宮をわざわざ大和地域の磯城島金刺宮というふうに書き残したのだと思われる。

傍証のように言うなら、第1章で少し説明したように、若沼毛二俣王の祖父には咋俣長日子王（『古事記』）がおり、この「咋俣」という奇妙なネーミングは住吉郡杭全郷（のちの平野郷）と重なっていて、杭全神社も残る大阪市平野区あたりに咋俣長日子王（＝済）が拠点を置いていた可能性が高くなる。

その婿殿である応神が羽曳野に古墳を築造しており、その孫の若沼毛二俣王（欽明）がこの二俣あたりに宮を造ったと解釈（想像）することだって当然のように可能なのだ。このように杭全郷（咋俣長日子王）も羽曳野市（応神）も八尾市二俣（若沼毛二俣王＝稚野毛二派皇子）も、隣接し

図15　済（ホムダマワカ）の王統に婿入りした応神（昆支）の系譜

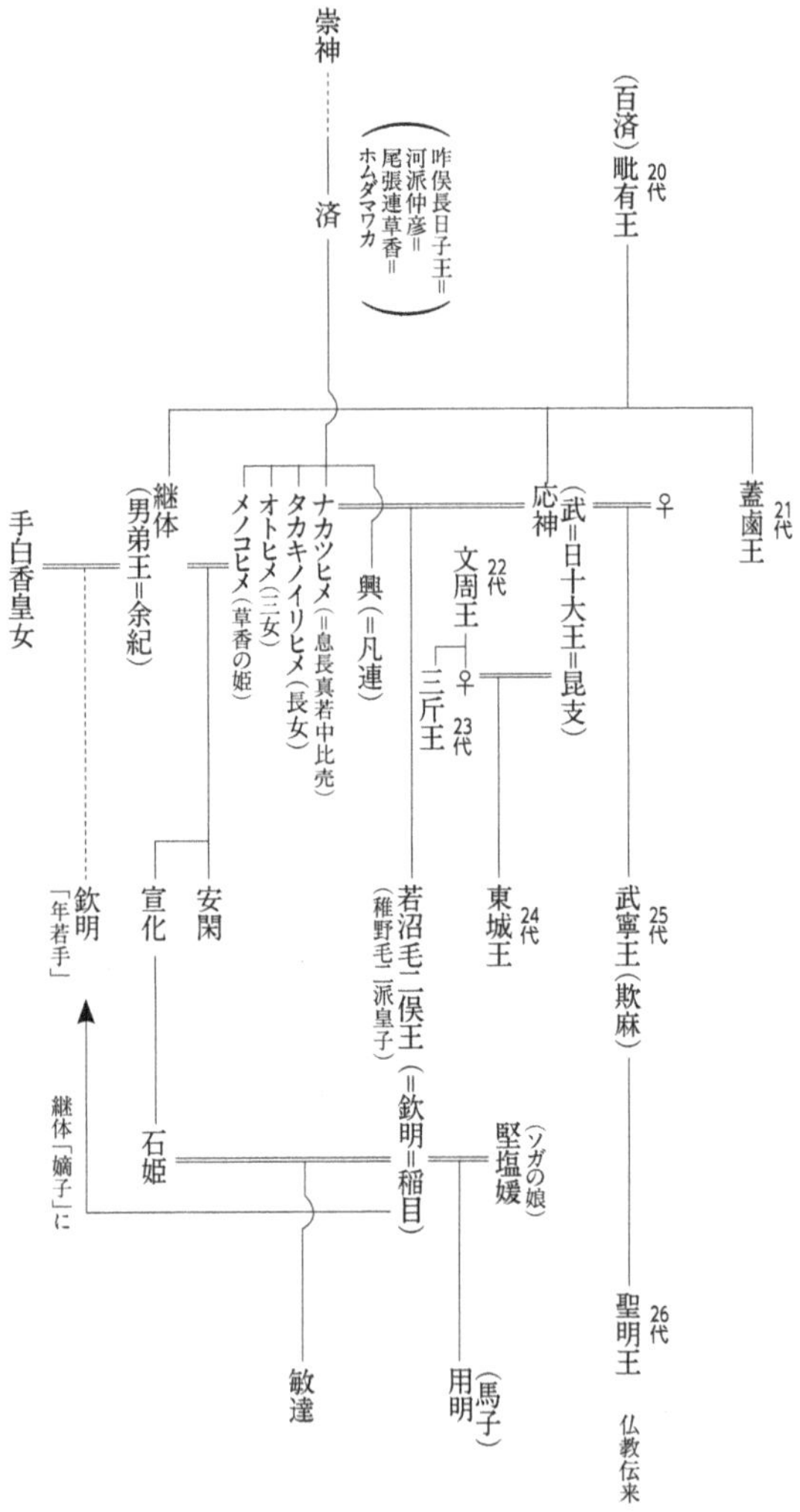

あっている河内の重要な境域に位置している。渡来勢力三代（崇神、垂仁、イニシキイリヒコ）の拠点として、明治期の郡制による磯城郡（今の桜井市や橿原市のあたり）のヤマトとは別に、彼ら王族たちの子孫がこの大阪平野の地で勇猛に活躍していたのはもはや明白である。

実際に、通説で五王の「済」（武の父）と等置される允恭天皇の陵墓（市野山古墳）だけでなく、応神の父とされる仲哀天皇の陵墓（岡ミサンザイ古墳）もこの藤井寺市にあるので、まるで時代の異なる「武の父」（済＝允恭）の墓と「応神の父」（仲哀）の墓がともにこの地にあるという設定も偶然ではなく、ある造作された意味を読み取ることができるだろう。もちろん、允恭も仲哀も実在はしないわけで、彼らの神話的物語の味つけに、実在した彼らの「モデル」（ホムダマワカ＝河派仲彦＝咋俣長日子王）と縁のある「志紀」周辺にちなんだ土地柄の設定を、允恭も仲哀も必然的に付加されたのである。武＝応神の父世代（ホムダマワカ）はこの開拓中の大阪平野を領していた。それだけ勢力家だったということである。

崇神王朝がヤマトから徐々に大阪平野に出張ってゆくなか、開拓事業をつづけていた途上に、これら川筋の沖積平野がひろがっていた。応神の子世代である欽明はなんのためらいもなく、祖父や父が開拓をつづけたこの藤井寺、八尾の広野に「斯鬼宮」（志紀の宮）を建造していったはずである。応神の息子からすれば、ほとんど現人神のような存在であっただろう応神の眠る陵墓（誉田山古墳）も、さほど遠くない同じ河内の羽曳野丘陵にあったのだからなおさら心強かったはずだ。

以上、ずいぶんと詳説したような具合だが、要は「ワカタケル大王の正体」を、通説の雄略説ではなく、欽明説で説いたほうがどれだけ合理的であるか——ということを私は強調したいのである。

「応神—継体—欽明」三代の連なりの暗合

これで、「応神—継体—欽明」という三代の真の皇統譜が再現されたのを見てきたことになる。ここで私が見出したさらなる傍証を披露したい。実は、この「応神—継体—欽明」という皇統の連なりを見ていて、かねてよりなんらかの既視感をいだいていたものなのだが、ようやくそれが何かに気づかされたのだ。この皇統譜の並びを比較してもらいたい。

❶応神 —❷継体（ケイタイ）—❸欽明（キンメイ）
①神武 —②綏靖（スイゼイ）—③安寧（アンネイ）

左の丸数字であらわした初代からの三代「神武—綏靖—安寧」と、応神からの連続した三代（石渡説による即位順）の並びをともに見てゆくと、その字面と音韻の二面において両者に奇妙な類似点のあることが見出される。応神も神武も数少ない「神」字を使用された特殊な漢風諡号を持っているのはよく知られている。しかも神武の「武」も石渡の「倭王武＝応神」説を採るならば共通するキーの字にほかならない。

さらに第二代の綏靖天皇と継体天皇では、「糸」偏つながりなのと、「スイゼイ」と「ケイタイ」で「I音」が二回も入っている点も同じである（正確には「スイゼヰ」だがほとんど音は変わらぬ）。綏靖は継体から創作された架空の天皇という物的証拠である（換言すれば、『日本書紀』編史官らによるほのめかし＝暗合でもあるだろう）。しかも、安寧立太子（綏靖二十五年）までの時期で見ると、綏靖の在位年数は二五年間であり、なんと継体のそれと同じであることも付言しておく。

第三代の安寧と欽明では、やはり「アンネイ」と「キンメイ」ということで、「〇―ン―E音―イ」と音が酷似している。こちらも安寧が欽明から創作された架空の天皇であるという証拠である。

石渡はもとよりそれぞれの両者が対応関係であること――前者が後者の分身であること――を示してきており、音の類似性はふと私が見つけ出したもの。漢風諡号は淡海三船が8世紀に命名したものとされているが、当時、淡海ほどの文人や高級官僚たちの耳目には記紀成立前の様ざまな思惑や挿話が伝わっていたはずだ。淡海もなにがしかの意図をそこに汲んだ可能性があると私には思われる。もとより石渡説を知っている人間以外にとっては、「応神―継体―欽明」などという即位順は絵空事のようなものだろうから検討されるべくもなく、石渡による理論展開を追走してきた者でなければこうした発見もありえない。石渡理論が研究成果として蓄積されてきたことが今後もこういう傍証の類を召喚してゆく可能性はあると思われ、だからこそ多くの古代史ファンにも石渡理論をもっと知ってもらいたいし、細部にももっとわれわれも関与してゆきたいのである。実在の大王の類比関係から架空の天皇を造作してゆくという方法を石渡は知悉していたから、こうした明瞭な対応関係もあらわになってくるのだ。

ちなみに安寧は『書紀』の和風諡号が「磯城津彦玉手看天皇」(『記』では師木津日子玉手見命)であり、時代がまったく異なる欽明の磯城島金刺宮と同じく「シキ」のネーミングを背負っているのも類比的で、この分身説を強めてくれる。現在の柏原市玉手町(安宿郡)にはこの「玉手」や「玉手山」の地名が残っており、「安寧の元ネタ」である欽明は奈良県よりもやはりこの大阪平野と関係が深いと断定さえできる。

しかもだ、安寧の母は「磯城県主の女《むすめ》、川派媛」(『書紀』一書)、「師木県主の祖、河俣毘売」(『古事記』)とあるとおり、安寧の先代にも欽明と同じでシキの名前がつきまとい、同時に河派(川派/カハマタ)つまり大阪平野の開拓地との縁もつきまとう。一方、欽明(=稚野毛二派皇子)の母は、河派仲彦の娘(弟姫)と見なされるように、安寧と欽明は「河(川)派」という名前を媒介にして、こうまでつながっている。安寧こと「欽明の虚像」の関係地（玉手町）が誉田山古墳のほんの二キロほど東に位置するのももとより係累（父子）があるのだから当然のこと。

このように、通常なら「磯城県主」（師木県主）と言えば、内陸部にある三輪山西麓のシキ（磯城）がイメージされるはずなのだろうが、そこには詐術があると思われる。やはり同類の「河（川）派」系のネーミングには上記したように河派仲彦（咋俣長日子王）がいるものの（ともに応神の義父で同一人物）、当然ながら大千拓地・大阪平野の旧大和川流域がその名に投影されており、シキの本来的な由来はヤマトではなくて大阪平野の開拓地（八尾市等）から発していると考えたほうがずっと合理的なのだ。

そう考えると、奈良盆地から西北へと大阪方面に流れゆく旧大和川の流域こそが、真の斯鬼宮の所在地であるに相違ない。４７１年説を採る研究者たちはこうしたアナロジーを踏まえた見解（問題提起）を聞いてどう考えるであろうか？　ワカタケル大王の斯鬼宮を、雄略の都宮（泊瀬朝倉宮）があったとされる桜井市黒崎（つまりヤマト）のほうにあると十年一日のように固定して考えているように見受けられる。

もう少しこの話をつづけると、特徴的なのは、綏靖が師木県主の娘を娶っているように、次の安寧もさらには第四代の懿徳天皇もこの「師木県主の娘」を娶っているという奇妙なほどの事実があることだ（『古事記』）。安寧は、師木県主波延（河俣毘売の兄）の娘（阿久斗比売）を娶り、懿徳は師木県主の祖の賦登麻和訶比売命を娶ったとしている。当時の新興河内（シキ）勢力がいかに大王家への外戚的立場として権勢を持っていたかが伝わるわけだが、もちろん初代神武含めてこのあたりの天皇はすべて架空の存在なので、これら師木県主の原像やイメージは、崇神から済らにつづいてゆく加耶勢力が、この新開地を開発し蟠踞していたその地力や影響力を再現しているものと私は見ている。

とくに、まるで〝シキ腹〟よろしく大王家にとっての姻族となっているのは、まさに応神に始まる「ワケ大王家」に娘たちを送りこんだ三輪（＝イリ）王朝の済（ホムダマワカ＝河派仲彦＝咋俣長日子王）の権勢ぶりを想起させることだろう。

やや煩雑な検証かもしれないが、こうした詰め将棋のような細かな手を打ってゆかないと、現行の定説というのは動かしがたいため、あえて欽明と安寧をめぐる同型の事例を探ってみた。

異説「蘇我大王（王朝）説」の定説化へ

このように、「稲荷山鉄剣銘文の辛亥年を471年」「ワカタケル大王を雄略（そして武）とする」などの考え方（通説）が、いかに実情と離れた不合理な思いこみにすぎないかについて、われわれは検討してきた。ワカタケルは欽明とこそ等置し、「辛亥年＝531年」として結んだほうがずっと合理的なのだ。

さらに、この「ワカタケル大王＝欽明」説を採りつつ、石渡はもう一段その先を見越していた。欽明をあの蘇我稲目（馬子の父）と等置させたのである。

「プロローグ」でも述べたように、石渡は「太子不在説」を逸早く展開してきた先鋭な研究家だが、その根幹には、**「蘇我大王（王朝）説」**が構想されていた。

たとえば『隋書』にあらわれる大王（「阿毎多利思比孤」――アメノタリシヒコ）の姿は、推古天皇のような女帝ではありえず、まさに男の大王だったことから、推古は非実在であり、当時の権力者であった大臣の蘇我馬子こそがやはり実力者の大王（天皇）であったというふうに自然と考えられたのである。

蘇我馬子が大王であったのならば、理の当然として、「その父」も大王か王族であったほうが自然であり、そこで蘇我稲目もおのずと欽明と結びつけられる次第になる（したがって昆支の孫が馬子ということになる）。稲目（＝欽明）の父は昆支であるが、蘇我稲目こそが蘇我王朝説の実質の担い手（走り）であると考えるほうがよいだろう。

ただこの石渡説をはじめて知った読者のなかには違和感が頭のうちに先行するかもしれないから、すぐさま欽明＝稲目説のための援護弾を撃たなければならない。

まずは蘇我稲目が欽明とまるで重なるかのように同時代を生き、そして死んでいったという事実を押さえておきたい。稲目が政権にからんで登場するのは宣化天皇の時代（宣化元年）からで、突如、大臣としての「蘇我稲目宿禰」の名前が挙がってくる（稲目以前の、『紀氏家牒』にあるような蘇我石河（石川）宿禰らの蘇我氏系譜とその実在は怪しく、後世の捏造感が強い）。ほどなくやってきた欽明天皇の時代でも引きつづき稲目は大臣職を務めながら、稲目は娘たち（堅塩媛と小姉君）を欽明の妻とする。結局、蘇我稲目は570年に死去しており、欽明は翌571年に崩御（『書紀』『上宮聖徳法王帝説』）。このあまりの類似ぶりが何かと推測を生じさせるわけなのだが、これについて大山誠一は、

欽明が実質上蘇我氏とともにあったことは明らかと思われる。おそらく、彼は、蘇我氏ときわめて近い人物であったか、蘇我氏そのものであったと考えてよいであろう。（『天孫降臨の夢』）

とやけにはっきり述べている。「蘇我氏そのもの」とまで断じているのは文献史学者の踏みこみとしては大胆であろうし、学界も石渡説の「蘇我王朝」説と並走するまでになってきてくれたことを肯定的に実感もさせてくれる（公式に採用あるいは共闘してくれたとまで言えないのが残念なことなのだが）。また、たとえば『大王から天皇へ』で熊谷公男は、《欽明―稲目体制》という言葉でこの両者が提携している状況を捉えている。提携どころかもはや相即している状態だと私は見るの

だ。

欽明と「同期」する蘇我稲目――その登場・世代・姻族・墓・家・発言

たとえば蘇我大王説を正式には採用せぬ学者がまだ多いとしても、先述した見瀬丸山古墳（大軽町／日本第六位の大きさ）の被葬者として、欽明や蘇我稲目の名がその候補としてともに挙げられるという事実には注目せざるをえないはずであろう。

また稲目には「軽の曲殿」という邸宅があったことが『書紀』に記されているが、名前のとおり、ここにも大軽町の軽があらわれてくる（他方、欽明が行幸した樟勾宮《くすのまがりのみや》も図ったかのように名に類似性が浮かぶ）。結局のところ両者の事績や関係地などが近いため、陵墓の比定では両者が端的に候補者同士でかぶってしまうわけである。それだけ「同期する」ことの多い似た者同士の二者なのだ。欽明と蘇我との類似性を二十数年以上も前から語っていた石渡理論の先進性が窺われるところである。

そして蘇我稲目（卿）が「大王」であった強固な証拠として挙げたいのは、欽明十六年（555年）の記事である。この前年、名君の誉れ高い聖明王（武寧王の子）がついに崩御し、子の余昌が百済王として即位するやいなや、弟の余恵を倭に派遣して事情を倭側に伝えさせた（こののち弟の余恵が百済王となる）。百済の明君であった聖明王は、仏教に篤く帰依し、倭にはじめて仏教を伝えた恩人であり功労者だった。

来日した王子恵《せしむけい》は、時の大臣・蘇我稲目と興味深い会話を交わしている。稲目が王子恵に対し、聖明王の業績を誉めたたえ、今後はいかなる「術」で百済という「国家」を鎮護するつもりなのかと政治の本質を尋ねたのだ。それに対し王子恵は、「大きなる計を知らず」と答えたので、稲目はとくとくと次のように話した。――雄略の世に百済が高句麗に逼迫させられていた時、天皇が神祇伯に命じてその打開策を神託させた。そうすると「邦を建てし神（建邦之神）」を祀って、請い祈り、（百済に）行って主を救えば、国は安らかになるだろうという神託が下り、そうしたところ国が治まったというのだ（つまり雄略が海をこえて百済を再興させた、とまで言っているのである）。だからそもそも百済側も神宮を修理し、国家神の霊を祀れば国は隆盛するだろうと蘇我稲目はたぶんに調子のよい話を伝えたわけだ。

むろん雄略が百済を再興させたという話に信憑性はなく、雄略は昆支の陰画《ネガ》的な分身であるから、百済危機（475年に蓋鹵王が殺害されている）における昆支自身の献身的な支援活動を反映しているこれは記載なのだろう。ここにはまた二つの点で面白さがある。一つは、仏教を信仰した百済サイドに対し、あえて「建邦之神」といういわば国家神道的な神霊を祀ることを勧めている点（文脈判断すると、百済は神霊をかつては敬っていたが、今はそれを捨てて祀ってはいない、とも読める）。もう一つは、これだけ重要な事柄を、天皇ではなく大臣＝蘇我稲目が百済王子に語っていることである。

この蘇我稲目が進言した「建邦之神」を神宮で祭祀するという行為は、のちの伊勢神宮におけるアマテラス（天照大神）祭祀や、遡れば崇神紀における天照大神と倭大国魂の分祀などとも共通する、日本独自の共同幻想的な祖神信仰ともからんでくる。もちろんそれは単なる祖霊ではなく、国を建設した王を祀るというところに力点が置かれている。なによりも、これを語った当の稲目の口ぶりがまるで大王その人の発言内容になっていることに注意したい。この口ぶりから察せられるとおり、欽明＝稲目の政治体制では、欽明にとっての父である昆支をまさに建国神として三輪山に祭祀したのではないかと石渡は仮説を提示した（昆支霊を祀るまでは、三輪山には崇神王朝の始祖・崇神が北方系の日神として祀られていたとする）。

大山誠一や石渡信一郎が説くように、欽明と稲目がいかに近いか、同一説が出てくる背景というものも無理なく了解されるところである。（★注4）

★注4　なお2014年には、石舞台古墳（蘇我馬子の墓）を見下ろす丘の上にある都塚古墳（高市郡明日香村）が「飛鳥のピラミッド」「巨大方墳」と大きく報道され、その陵墓の様式（階段状の遺構、横穴式石室、家形石棺、ピラミッド型方墳）が詳細に伝えられた。その後、調査の結果、この都塚古墳は高句麗の「将軍塚（長寿王墓）」（吉林省）とその形態が似ており類例のない大型古墳とされ、明日香村に拠点のあった蘇我氏の陵墓、たとえば稲目説などが挙がった。欽明＝稲目は見瀬丸山古墳がその陵墓だと考えられるから、この古墳は蘇我氏の近親者である可能性は高まった。林順治は、蘇我馬子の弟の蘇我摩理勢の可能性を示唆している。いずれにせよ、採用されている積石塚の工法からして一連のツングース系の流れと古代倭王権（昆支―欽明系）が交差している事実を一つ証拠だてているはずである。

欽明系図の御都合主義――三つの子孫筋と「後づけ」された系譜

では、もし「欽明天皇＝稲目」説が真実だったとしたら、系図のどこかに不都合な事柄がその証拠として見え隠れしているのではないか？――そこを検証してみよう。系図を作為したためにどこか不自然な痕跡が見られるかどうかである。欽明は、后妃が多くいたので、その系譜はおのずと複雑になっている。

比較検討するために、以下便宜的に、欽明のAライン、Bライン、Cラインという異なる系譜の概念を示してみた。

［欽明Aライン］　欽明――敏達――押坂彦人大兄――舒明――天智

図16「欽明」大系譜（『書紀』）と「蘇我王朝」の重なり

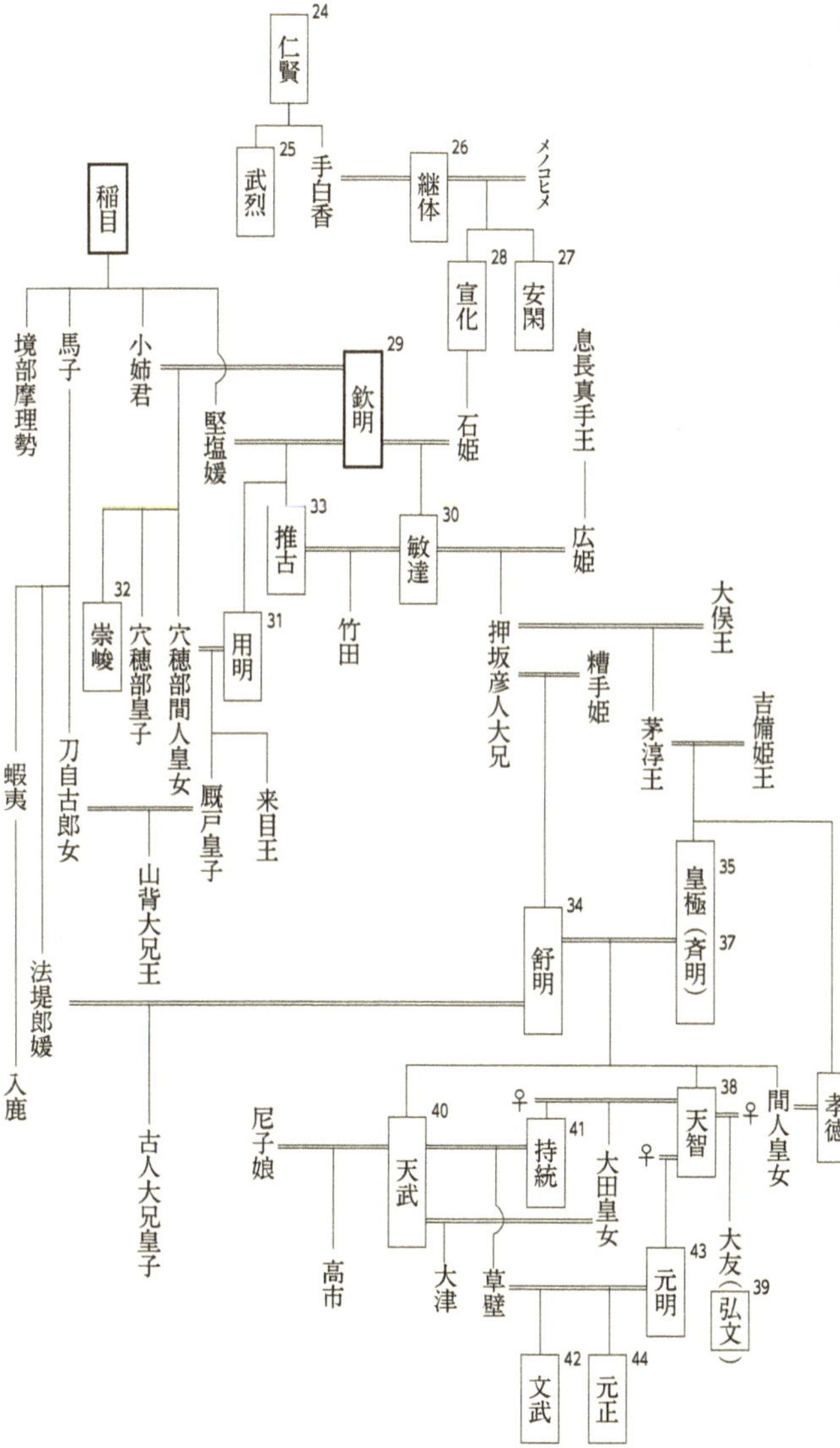

こちらは、欽明天皇が継体系の石姫（宣化の娘）とのあいだに生ませた敏達天皇のラインである。いわば「**継体・敏達・天智ライン**」ということである。この系譜が、そのまま現在の皇統譜としてつながっている。舒明の皇后である皇極（重祚して斉明天皇）ですら押坂彦人大兄の孫で、まさに本流《メインストリーム》の系譜である。押坂彦人大兄は即位こそしなかったが、「皇祖大兄」とまで呼ばれ、このラインの中核。それだけ多くの天皇を子孫に持ったことになっており、天智の祖父として存在感も強い。

［欽明Bライン］　蘇我稲目（＝欽明）――馬子――蝦夷――入鹿

こちらは、従来の蘇我氏系図にほかならず、石渡理論では、稲目＝欽明であるので、いわば「蘇我ライン」としてあえて一つの系譜として見ることにする。馬子＝アメノタリシヒ（ホ）コ（『隋書』における大王）であるという見方もできるので、乙巳の変（大化の改新）以前の「もう一つの本流」である（Aラインよりも昆支系の強いいわば「**昆支・稲目（欽明）・馬子ライン**」である）。
当然、ここは通常の皇統譜に入ってこないわけだが、石渡説のほかこの間のアカデミズム（史学と考古学）における蘇我氏再評価（大王並の勢力――はもはや隠しようがない）の声が自然と押し上げてきたものでもある。Aラインとこの Bラインの関係（継体系と昆支系）が、実にわかりやすいほど欽明時代以降の闘争関係をあらわしており、そこを具体的に浮上させた石渡説の斬新さが表象されているところだ。

［欽明Cライン］　欽明——推古・用明（崇峻・穴穂部間人皇女）——太子（厩戸）——山背大兄

こちらは、欽明が稲目の娘たちとのあいだにもうけた子たちの二系の総合ということであり、いわば「**稲目娘・太子ライン**」である。こちらのCラインこそがもっともそれらしく「造作」された系譜ということになる。一番は、聖徳太子（厩戸皇子）死後、山背大兄ら太子の息子らが死んで「上宮家」は滅亡してしまう（ことになっている）。だからのちに滅亡してしまう系譜というものは、いくらでも系譜をいじりやすく、「後づけ感」がたっぷり出てくる。

欽明は、稲目の娘たちを娶り、多くの血縁の支脈をひろげている。まず小姉君《おあね》は馬子の妹であり、穴穂部間人皇女（聖徳太子の母）と崇峻天皇、穴穂部皇子を生んでいる。この婚姻関係からの系譜を見れば、馬子は太子の大伯父ということになる。他方で欽明は、やはり稲目の娘である堅塩媛《きたしひめ》を娶り、別の系統を生んでいる。堅塩媛もやはり馬子の妹であり、推古、用明を生む。欽明がこの稲目の娘たちとのあいだに生ませた人物ふたり、すなわち穴穂部間人皇女と用明天皇が結ばれて、聖徳太子と来目王が生まれている。それぞれの代表選手同士が象徴的に結ばれて、めでたく太子らが生まれたというできすぎの構図となっている。古代にはよくありえたことではあるが、母が異なるとはいえ同父の兄弟姉妹（用明と穴穂部間人皇女）が結婚している。

往時の歴史記述者たちはこうした系図をフルに活用していたはずで、系譜関係が御都合主義的で「できすぎ」ているのが察せられる。ひと言で言うなら、欽明Cラインは、「（欽明はじめ）、小姉君、堅塩媛、穴穂部間人皇女、崇峻、推古、用明、厩戸皇子、来目王、山背大兄王」がごっそりと後づけ（捏造）されたふうにも見て取れる（そもそも山背大兄王に関しては、『書紀』でも太子の息子という記述もなく、推古が実在しない場合は竹田皇子も存在しないことになるので、竹田皇子もここに含めてよい）。

この系譜はそれだけ包括的かつ付加的《アディショナル》な一族（集団）に見え、このグループごとごっそりとそぎ落としてみても、滅びの一族として歴史の闇にかき消えるままなのだ。

たとえば塚口義信は、「雄略天皇は『英雄王』か」という小論のなかで、《王統思想》として、「継体・安閑・宣化（・敏達）系王統」と「欽明系王統」の対立や確執という内容を記している（また佐藤長門は「敏達系王統」という呼び方もしている）。こうした観点は、実は石渡理論とも内容的に相即しており、それだけ学者の世界でもAライン（継体系王統）とBライン（欽明系王統）が対立していたのではないかという視点が、もはや石渡流の異説でもなんでもなく、正統的な解釈にまで成長してきているのを感じさせる。

また、法堤朗媛《ほてのいらつめ》（馬子の娘で蝦夷の姉）のみがBラインの舒明に嫁いでおり、予告的に言うなら、そのあいだに生まれた古人大兄（馬子大王の系譜の血を引く）が、まさに石渡が真に言うところの「天武の正体」である。この「古人大兄＝天武」説がそうとうの説得力を持ってくる（本書では割愛するので、詳細は石渡著『蘇我氏の実像』や『聖徳太子はいなかった』などを参照。系図でも天武と近いのがわかるはず）。

これらの情報をもとに系図を改めて眺めてみると、その不自然な政治的意図が浮上して見えてくる。欽明の正体が蘇我稲目であるなら、稲目の息子である馬子こそが、用明や聖徳太子の「本体」だったという言い方が正鵠を射るだろう（そこで「蘇我王朝（大王家）説」や「用明＝馬子＝聖徳太子説」へとつづいてゆく）。（★注5）

他方、継体の子に関しては、公式には継体の皇后・手白香皇女《たしらか》が欽明を生んでいることになる。だが継体は五十代後半であり、安閑と宣化という壮年の後継者すら持っていた。手白香皇女は仁賢天皇の娘ということになり（武烈は同母弟）、旧世代で血の濃い皇女というわけだが、仁賢も武烈も手白香皇女も実在を認めにくい造作された系譜である。

こういう嘘臭い感覚は、たとえば「応神の父」である仲哀が不自然な死を遂げていたり、その仲哀の父がヤマトタケルであったりするような虚構っぷりと似ていて、まるごと接ぎ木された観が強い。系図を見るにつけ、断絶感、ブツ切り感が漂ってくるのだ。もしこの系図に真実味があるとすれば、それは継体がとある大王家に婿入りしたという事実を告げているという点だけであろう。

熊谷は明瞭に、《**仁賢の娘である手白香皇女との婚姻は、実質的には既存の大王家への入り婿とみるべきで、継体以降の王家は、母系を通じて〝応神王朝〟の血統を引き継ぐことになったのである。継体は、単独で既存の王権に取り込まれたと考えるしかないであろう。**》とまで踏みこんで入り婿・継体説を解説している（同書）。このように「応神五世孫」という設定などもはや研究者にも重視されていないようなわけであって、よりリアルに前王朝への婿入り説が採られているほどなのだ。石渡説と響きあうところまでもう一歩である。

その《既存の大王家》こそ詳述してきたように加耶系の渡来王朝であり、そこから妻としてめとったのがメノコヒメにほかならない。だからメノコヒメの出自母体が尾張連氏であることが重要なのだ。応神から見ていっても尾張連氏が、継体から見ていっても尾張連氏が、それぞれ共通の婿入り先として特筆されざるをえないのである。応神の義理の父はホムダマワカで、継体の義理の父は尾張連草香と、文献上はむろん相違はあっても、語ってきたように、両者はともに尾張連氏の本体であり、倭王済その人なのである。

話を元に戻して結論づけるなら、系図的にも、仁賢からの四人の系譜（欽明含む）はそぎ落としても何の違和感もないのがわかるだろう。なぜなら、武烈は無残に死に、欽明は何歳で死んだかもわからないまま退場してしまっている。いわんやまるで継体を持ち出すためだけに用意されたような「仁賢―手白香」ラインも武烈と同じでまさぐりようもない旧王朝の系譜関係だ。

この場合でも、「消えた欽明」は、ぴったりの同時代をすごして大王よろしく振る舞った稲目の姿として生き生きと6世紀を駆け抜けている。以後、石渡が説く蘇我大王説として、この堂々たる系譜は、「稲目―馬子―蝦夷―入鹿」という四代にわたる盛期を迎えることになる。真の馬子の姿は用明天皇や聖徳太子として透かし見ることもでき、馬子死後は、蝦夷・入鹿の時代となって、645年の乙巳の変に至るまで蘇我大王家は権勢を振るうことになる。

ちなみに、その後の政治史をこの系図に引きつけて語るならば、蘇我氏を滅ぼした中心人物である天智（中大兄皇子）の系譜（Aライン）は、敏達天皇に遡る。

敏達は、ヤマト王権を握った欽明が宣化（継体の子）の皇女（石姫）とのあいだにもうけた皇子であり、継体系の血が色濃い。敏達は日祀部を設置するなど日神系の古神道を保護し、一方の用明（＝馬子）は新宗教たる仏教に帰依したという差異も明瞭だ。

だから継体系の血を引いた舒明や中大兄皇子が、あたかも先祖の味わった逆境（辛亥のクーデター）をリベンジするために復讐戦を仕掛けたとまでは思わないが、舒明も中大兄皇子も蘇我大王一派の強大な権勢を横目で見てきていたはずで、生まれつき肩身の狭い思いをして生きてきていたのは事実であろう。舒明は即位していなかったと石渡は見ているが、仮に即位できていたとしても蘇我氏（蝦夷）の傀儡政権であったろうことは言をまたない。そんな状況下で、政治的な志向性も違ったとすれば、中大兄皇子らが周囲の反乱分子を糾合して蘇我大王家を亡き者にしようと一大決心をするのもわからない話ではないのだ。

当の舒明天皇は有名な百済大寺（初の官寺）を造営したり、百済宮で崩御したりと、やたらとネーミングに百済色が強いことも付言しておく。

★注5　石渡の蘇我王朝説、太子不在説は本書ではふれないので、石渡本でその衝撃の展開を読み取ってもらいたい。私が思う切り口は「馬子の妻」である。

継体・欽明時代の半島政策の不可解さ――〝高霊冷遇・百済優遇・任那熱〟の三題話

これまで、継体や欽明の出自や系譜の問題を扱ってきたので、ここからは朝鮮半島情勢と継体・欽明時代の政策について、捉え返してみたい。

知られるように、継体紀では百済の話ばかりが取り沙汰され、欽明紀では、任那再建への強い欽明の思いが語られている。半島情勢を語らねば両時代の事績自体が存在しないも同然というくらいである。そもそも継体即位に関してもその予兆はある。大伴金村が「男大迹王」を三国（坂井市）

にまで迎え入れに行き、天皇への即位をやがて承諾した男大迹王は五十八歳の時に樟葉宮で即位したといい（５０７年）、この継体と大伴金村との関連性が強く描かれている。けれども継体はすぐに快諾したわけではなく、馬飼首荒籠《あらこ》が機転を利かせて迷う継体に遣いを出し、政権枢要にいる群臣たちの新大王即位の本意（本気度）を伝えたのだ。「馬飼首」とはこの時代の「河内馬飼」とも関係があろうし、まず百済系であろう。継体と馬飼首荒籠が従前から交流があったことが『書紀』では記されており、この特別な関係性には百済人同士のよしみという必然性が強く感じられる。

その後いよいよ、継体の御世に入り、継体六年（５１２年）には百済の武寧王が倭に使者を派遣してきて、任那の四県（上哆唎《オコシタリ》・下哆唎《アロシタリ》・娑陀《サダ》・牟婁《ムロ》）の土地を倭に請求してきた。この時、重臣（哆唎国主）の穂積臣押山が進言したのは、「この四県は百済に連なり、日本とは遠く隔たっています。百済に与えて同じ国にすれば得策でしょう」という内容だった（半島の南西部の一角）。百済に合わせる（合併）策では危険が残るのでいっそのこと同一にしてしまったほうがよいというのだ。この策には大伴金村も同調して継体へ奏上した。

なお、穂積臣押山という名前には、ちょっとした含みがある。というのはこの章で示した「三つの系図」にあるように「**穂積氏（忍山）宿禰**」という**穂積臣押山**と名前のそっくりな重要人物がいて、そちらのほうは応神の派生的人物であるヤマトタケルや成務天皇の「義理の父」となっている。石渡説に私の補助線を引くならば、先の図12、13の「穂積氏（忍山）宿禰」とは倭王済であり、加耶系王族をモデル化した幻像（分身）であろう。この継体紀で穂積臣押山の職掌が任那の哆唎国主となっているのもさもありなんというところ。済らの祖先である崇神王統がかつて加耶で支配者であった「権能」を『書紀』はそのまま穂積臣押山に転移させているわけである。例によって『書紀』がほのめかすヒントの類である。

結局、四県割譲の勅書を百済の使者に渡す勅使の役は物部大連麁鹿火《あらかひ》から別の者に変更されたものの、結局このトンデモない勅は百済の使者にもたらされた。このことを後で聞いた勾大兄皇子（安閑）は「応神以来、官家《みやけ》を置いてきた国を、軽々に隣国の言うままに、与えてしまってよいものか」と思い、改めて百済の使者にその旨を伝えた。しかし親（継体）の決めたこと（勅）を子が改変するのはいかがなものかと言って、百済の使者はそのまま帰国した。世間では、「大伴金村と穂積臣押山は百済から賄賂を受け取っている」という流言が立ったという。ここを文脈判断する場合、収賄説の「流言」が立つほどに、いかに百済有利の奇妙な政策だったかを『書紀』も確認している。

このように、任那四県割譲事件は奇妙ななりゆきとなっている。その後も継体紀に特徴的なのは、半島南部の領有権をめぐる記事がやたらと多いこと。皇子（安閑）がこの件に異議申し立てをするのはよくわかる話だし、継体が百済に任那を割譲するという勅を発するのも気前がよすぎる話だ。

だが、石渡理論によるならば、この時の為政者は「百済王子だった継体天皇」その人なのだから、自分の甥（武寧王）からの請求に気前よく応じることの辻褄は合う。もちろん継体がその跡を継いだ昆支自身も百済王室の出自を持っているわけだし、対百済政策が最重要課題の申し送りになっているのも筋が合っている。要するにだ、この時に倭王朝が百済系であったという事実を考慮しなければ、これら倭と百済をめぐる政治情勢がわけのわからないカオス状態となってしまうのである。

その点で、正統派の歴史解読ではここで矛盾に突き当たってしまうということなのだ。倭王権がヤマト由来の在地王権だというのなら、そもそもこんな過剰サービスを百済に提供するいわれも必要もない。つまるところ、継体（男弟王）と武寧王（斯麻）が「叔父と甥」の関係であったことを考慮に入れなければ、この連動した領有権の移転の問題を読み解くことはできない。なぜわざわざ自国の領土を管理の都合というだけで他国（百済）に与えなければならないのだろうか？　どれだけ人の好い対外政策なのかという疑問ばかりが生じてしまう。

大伴金村はこののちたしかに失脚することになるが（５４０年）、この割譲事件の責任を取らされたというよりも、継体から欽明時代に代がわりして、王朝とのパイプを失って自らの権勢が弱体化したというほうがずっとわかりやすい。しかも『書紀』どおりなら、継体と欽明は親子だが、クーデター説のとおり欽明は（継体ではなく）昆支の息子なのだとすれば、欽明が継体王権の主要な権臣であった金村を煙たがり遠ざけるのも当然といえば当然のことなのである。
しかもこののち伴跛《ハヘ》国（加耶の高霊／慶尚北道星州や高霊州付近）が百済の己汶《コモン》（全羅北道南原市）の領土を奪ったとして、百済サイド（将軍）が倭に元通りになるよう取りはからってくれと訴えてきた。伴跛国のほうも珍宝を献上するなどこの土地を欲したが、結果、継体は己汶と帯沙《タサ》は百済に与えるという勅を出してしまった（513年）。百済への四県割譲に次ぐ、二郡割譲である。不平の募る伴跛は城を子呑《シトン》と帯沙に築いて、対倭戦に備えを固めた。そうこうしているあいだに武寧王が523年に崩御したあとも、こうした倭の百済優遇はつづく。たとえば加羅（加耶）にあった多沙津（光陽湾に注ぐ蟾津江河口あたりか）を百済は航路として欲しがりまたもや押山はこれを奏上して、百済王の領有となっているほど。

ここまで来るとたまらないのは、加羅サイドである。加羅王は倭の勅使に対し、「この多沙津は官家が置かれて以来、私が朝貢の時の寄港地としているところです。たやすく隣国に与えられては困ります」としごく当然のことを話してこの決定への不服を告げる。結果は覆らず、加羅は新羅と結んで、倭に恨みを持ったと『書紀』は記している。

ちなみに『書紀』には「官家」という言葉がしばしば登場するが、「応神天皇以来」（安閑の言葉）に官家を置く（継体六年）と書かれているように、応神の治世に官家が設置されたというまたしても応神がらみの重大な設定ぶりにも注目される。当然ながら崇神以来の渡来王朝はこの加耶南部をもとより領していた倭韓連合王国であるわけだが、そこに婿入りした昆支（応神）が自身の出自も鑑み、半島南部における領有権（直轄地）を「官家」として制度化したのであろう。

この不当なほどの百済重視と加羅（伴跛）軽視にはいったい何が潜在しているのか？　この時の加耶地方の盟主は「伴跛＝高霊」としての「加羅」であり、本書でも筆を重ねてき金官国（狗邪韓国／駕洛国）ではない。応神・継体の百済系倭国は金官国に対する敬慕の念はあっただろうし、倭における加耶系渡来勢力への遠慮や配慮というものも特別にあっただろうが、同じ加耶地方とはいえ高霊への義理を特別に持っているわけではなく、自らの故国（百済）への優遇策がこうも引きつづき歴代で繰り出されてゆくのも、ある意味では仕方のないことであろうということなのだ。

他方、北部の加羅（高霊）軽視とは異なり、次の欽明時代にかけて南部の任那（金官）再興をめぐる激しい熱情が欽明紀全体からひしひしと伝わってくるのも、石渡説が描く政治的文脈を踏まえれば楽々腑に落ちるところである。常識的な古代史観では、「加羅（高霊）軽視と任那重視」という同じ加耶二地域へのあからさまな方針の差や、百済優遇策のいわれを説明することができないだろう。まずは一般の古代史ファンの読者諸氏に、こうしたなりゆきの不可解さとそれへの一解答を示してみたかった次第である。

さて、紙数も尽きてきた。ありがたいことに、共同歩調を合わせたわけでは全然ないにもかかわらず、アカデミズムの成果のおかげで、石渡信一郎の崇神や昆支をめぐる理論が改めてその迫真力を示すようになってきており、理論のエッジや真実味はさらに鋭く感じられるようになってきたと思われる。

まだまだ語り足らぬことも多いけれど、石渡史学の理論的枠組みと「可能性の中心」はなんとか示し、そして射抜くことができたと思う。ここいらでいったん本文は幕とすることにする。

最後に、神武以降、欽明までの歴代天皇の存否などを改めてまとめてみた。下記の［通説］にある天皇の横の丸数字が『日本書紀』による即位順、［石渡説］における丸数字は、実在したと思われる天皇の即位順である。通説と石渡説（皇統譜）のほか、私のほうで補足があるものは下段でコメントした。

【通説】		【石渡説】	【仲島補説】
①神武	不在で始祖王の反映	不在、昆支（応神）の反映	「武」つながり
②綏靖	不在（以下、欠史八代）	不在、継体の反映	○イ○イ（綏靖＝継体）
③安寧	不在	不在、欽明の反映	○ン○イ（安寧＝欽明）
④懿徳	不在	不在、欽明の反映	

⑤孝昭　不在　不在、崇神の反映
⑥孝安　不在　不在、興の反映
⑦孝霊　不在　不在、昆支（応神）の反映
⑧孝元　不在　不在、継体の反映
⑨開化　不在　不在、欽明の反映
⑩崇神　始祖王　①崇神＝首露王＝旨＝脱解　脱解との等置はやや冒険か？
⑪垂仁　②垂仁　実在　ヲトヨの反映（入替）
⑫景行　即位せず（その兄イニシキイリヒコが讃③）　タケイナダネの反映（入替）
⑬成務　即位せず（ワカキニイリヒコ＝珍④の反映）
⑭仲哀　不在、⑤ホムダマワカ（済）の反映　咋俣長日子王も済の反映
⑮応神　⑥応神＝昆支＝武
⑯仁徳　不在、継体の反映
⑰履中　不在、安閑の反映
⑱反正　不在、宣化の反映
⑲允恭　済　不在、欽明の反映（「年若干」つながり）　大阪平野とのからみ
⑳安康　興　不在、敏達の反映

㉑雄略	武＝ワカタケル大王	不在、昆支、欽明の反映	
㉒清寧		不在、敏達の反映	
㉓顕宗		不在、天智の反映	
㉔仁賢		不在、天武の反映	
㉕武烈		不在、昆支、馬子（聖徳）の反映	
㉖継体		⑦継体＝百済皇子（男弟王）	林説「男弟王＝余紀」
㉗安閑		不在、即位せず	不在と断定する必要はないか
㉘宣化		いたが即位せず	石姫の父（継体系）として存在
㉙欽明		⑧応神（昆支）の息子	欽明の母（息長真若中比売）は 応神の皇后の可能性も

※通説では讃珍は諸説あるので載せていない

エピローグ――応神（欽明）系と継体（敏達）系の王権相剋劇へ

本編は終了したから、読者が気になるであろう「その後」を流しつつ、結末に向かいたい。

律令国家が成立するまでには、「応神・欽明」系と「継体・敏達」系の王権相剋劇があった。応神（昆支）から継体（余紀）へと兄弟相承された王権は、継体の後継時代に、辛亥の変《クーデター》が起こったため、欽明へと受け継がれることになった。

だが欽明から四代（欽明―馬子―蝦夷―入鹿）もつづいた「ソガ」大王家は、「継体―宣化―（石姫）―敏達―押坂彦人大兄―舒明―天智」とつづいてきた天智天皇によって、命脈を絶たれてしまう（乙巳の変）。

その後、天智系（大友皇子）と天武（＝古人大兄）による戦いが終結し（壬申の乱）、天武・持統体制ができあがり、すなわち律令国家の基盤が整備されることになって、世は落ち着いた。

こうした一つの流れは史実（争乱、変事など）が踏まえられ、血縁関係（系図）も踏まえられている分、実に秀逸な見立てであり、従来の史家の誰もがなしえなかった石渡の独壇場である。もっとも律令国家を誕生させた中心に藤原不比等がいたという認識だけは最新学説も石渡理論も同じではあるのだが、プロセスが違いすぎるのだ。辛亥の変以降の時代の解き明かしに興味の出た方は、各種の石渡本を御参観願いたい。

とくに蘇我氏と聖徳太子をめぐる一連の論考は切れ味が鋭く、剛速球をインコースにズバっと決められたかのように射すくめられること請け合いである。史料批判を中心にして、アカデミズムから打ち上がった太子不在説は一定の成功をおさめたと言えるだろうが、実は彼ら文献史学者たちは、石渡のアプローチした卓抜な方法を採用したわけではない（意外かもしれないが）。だからこそ、私は余計にもったいないと思うわけである。かならずバックラッシュのようにあるいは真綿でじわじわと太子存在説が反動的に盛り返してくると思う。その時に、石渡理論を参観も使用もせずに、太子不在説を貫徹できるものか、と私は心配すらしているほどなのである。彼らが石渡説を援用するようになった時、鬼に金棒、三本の矢よろしく理論は最適化・最大化すると思う。

なお本文でふれなかった事柄で、世の知識人にもほとんど知られていない情報を書きつけておこう。実は、あの藤原氏（北家）全盛を導いた藤原冬嗣（初代蔵人頭で、良房——初の「摂政」——の父）は、実際に昆支の血脈なのである。もちろん遠くはあるのだが、冬嗣の母が百済永継といい、百済永継は昆支の子の系譜を引く飛鳥戸氏出身のためである。

律令国家成立前後の皇統の移り行きを考えたとき、「天智系vs.天武」にかぎらず、こうした霊《チ》（血）的な争いという意味合いが古代の政争には関与していたことであろう。冬嗣にせよ自分のアイデンティティーを意識しなかったとは言えないはずだ。霊（祖霊）といえば神（信仰）の問題にもつながるわけで、欽明朝以降の皇祖神プロジェクトの変遷の大問題も含め、また機会があれば私も筆を執りたいと思っているほどである。

おわりに

「ストライクゾーン」は広めで

本書では、稀代の古代史家・石渡信一郎（１９２６年～２０１７年）の理論を中心に据えて、古代史の諸問題とその「解」を探ってきた。直系弟子筋の林順治ですらほぼ私の親世代であり、われわれ世代（バブル世代の１９６０年代生まれ）が今こうした諸説と理論をどう受けとめているのかを率直に開陳した次第である。ちなみに林順治は私の編集者時代の師匠であり、林はミリオンヒットのシリーズも飛ばしたスーパーエディターであった。本郷の喫茶店でコーヒーを飲みながらの、石渡理論を熱く語る林との古代史談議は実に楽しく、二十代の私にとってはかけがえのない財産になっている。林がいわば石渡熱を私に感染させてくれたのである。

そんな病膏肓の私が本書で心がけたことは、「この理論Aと説Bは点と点で結ぶことができ、その場合、より強固な線として輝かせることができるのではないか」とか、「ここに補助線を足せば、この理論の回路はさらに通りがよくなり証明につながるはずだ」というような具合に、様ざまな細部をしつこく言挙げし、提示してみせた点である。とかく石渡も林もその理論の「ストライクゾーン」が狭いと感じられることがままあるため、むしろ「損して得する」つもりでゾーンをあえて広げ、他理論との整合性を考えてみた。

たとえば「応神＝昆支＝倭王武＝日十大王」という石渡理論のうち、「応神＝武」のみが人びとに認められるだけでも、それは十分なインパクトとなりえて、学界の障壁を食い破るはずだ。「雄略＝武」の等式が日本古代史停滞の最大要因なのだから、そこの牙城が崩れるだけでも応神陵（誉田山古墳）の築造年代の問題も片がつき、必然的に4～6世紀の難問が収束してゆく。われながら多様な要素で傍証にいそしんだつもりである。

従来の石渡読者からの御高評を乞うだけでなく、はじめて石渡理論にふれた方からも御批評を仰ぎたいところである。

「多種多様な民族の融合」について

「あとがき」ということでいささか自在に題材に飛んでみたいと思う。

なにかと物議を醸す人物だし、いまだにその都知事時代の負の遺産ももろもろと云々されているが、あの作家の石原慎太郎が「日本は『白人の失敗』に学べ」において、意外にも「日本人」のルーツについてこのようなバランスに富んだ発言をしていた。

われわれの民族的ルーツは東西南北あちこちに散らばっている。中国、朝鮮半島はもちろんのこと、北はシベリア、モンゴルから南はポリネシア、メラネシアにまで及ぶと見られている。日本は多種多様な民族を融合して出来上がった国なのであって、天皇家も朝鮮半島にルーツがあることは、誰しもが認めているところだ。

（「文藝春秋」２０１６年九月号）

これを読んだ瞬間、空気の流れが止まったかのような意外の感に打たれたものだが、すぐさま時代の変容もまた再認識した。日本の「単一民族」神話は、「右派」と世間で認知されている石原ですらこのように真っ向から否定しているぐらいなのであり、天皇家云々のところはさすがに都知事を退いたために正直に書けた事柄だとしても、こうした認識が石原のようなタイプの知識人にも共有されれ発言されている事実はかなり重大であろう。

私は、三島由紀夫のカウンターのように見えた当時の石原、開高健、大江健三郎といったあたりの戦後文学者の位置がとても気になっており、久しぶりに石原節の輝きを見た思いすらした。

引用文に戻れば、実際は、《誰しもが認めている》事柄ではない――とくに肝心の「学界」が認めていない――のがまことに困った問題なのではあるが、ここまでの発言が出ること自体、一進一退しながらも科学的で正確なアプローチが歴史や歴史学の世界を順々と取り巻いてきていることを示しており、正しい知識の集約（共有）という着実な歩みも意識させられた次第である。

これは、逆に言えば、石原のような愛国的な知識人であっても、天皇家の「ルーツの問題」自体はもはやそこまで本質的で重要というわけではないというふうにすでに舵を切っている、すなわち事態がシフトしていることを感じさせる。天皇家の歴史がゆうに一五〇〇年以上列島において脈々と続き、日本的王権の中心を形成しつづけてきたこと自体は、（左派の誤解を恐れずに言えば）それだけで十分に珍しく尊い事柄なのだ。そしてその事実は、たとえばどんな左派勢力の「理論」や「テーゼ」であっても打ち消すことはできない。反対から言えば、ルーツの問題を純化されたヤマト中心主義に即して顕揚する右派の理論だって、まったくもって見当はずれということである。

いわゆる「男系」をめぐる言説と双系制

2016年には、天皇陛下の「お言葉」から始まったいわゆる「生前退位」（譲位）の問題が社会そして政治をも揺動させた。あれだけ率直な陛下のお気持ちが嘉納され、なんとか制度的改善が施されて、陛下の御心に寄り添うような解決になってもらいたいと一個人としては願うばかりだった。こうした私のような思いが、日本人ほとんどの願いだろうと思っていたところ（実際にも各種の世論調査は当時八割以上が退位に賛成）、意外なところで「異論」がせり上がってきたのを見て、すっかり困惑させられた。

「意外なところ」とはほかならぬ「男系」皇統を維持しようという論客たちの一部のことである。この「お言葉」に発する問題に対し、苦虫を噛み潰したような表情で対応してきたのだから驚いた。いったい、彼らにとっての天皇制や「人間天皇」というのは、何なのだろうか？　生身の人間としての天皇陛下ではなく、「システム」を第一と見なすようなこの考え方にはなんともウソ寒いものを感じざるをえなかった。日本国民のほとんどが正当だと見なしている「退位」について、その後なんとか法的な形は整えられ、２０１７年にいわゆる「退位特例法」は成立した。法整備の点からも皇室典範を含めた改正こそがまっとうな筋道のはずだったが、一部の面々の思惑──「特別法」制定のみでこの事態をやりすごしたいという意向──は感じざるをえなかった。

法案成立前には、各種の議論が起こった。こうした男系維持派の立場を取る者、たとえば有名な女性のジャーナリストや男性の法学者は、あろうことか「神武天皇」のことなどにもしばしば言及しており（タレント出身の女性議員も同じようにテレビ選挙特番で神武について語っていた）、彼らはいまだに「万世一系」の日本神話を相対化できぬ人物たちである。こうした論客が現実的な政治や言論の世界において幅をきかせているというのだから恐れ入ったものだ。私は彼らにこそ石渡理論を読ませたいのはやまやまだったけれど、その前に（準備段階として）、石原慎太郎の意外にも現実的で中庸なその発言や、松岡正剛のような日本の文化史（そして情報史）の鋭い論客の数々の精華に正面からあたってもらい、是非とも勉強してもらいたいと思ったもの。

なによりも、近年、古代日本の家族システムの本質や始源は「双系制」であったと説かれる議論が多く、彼ら男系維持派の所論はそうした議論にすらまるで合致できていない（端的に知識不足で流行遅れなのである）。初期ヤマト王権がそのような双系的なシステムを超越して男系にこだわったと推定するのは難しいであろう。かつまた歴史的な「女帝」の存在、たとえば元明―元正のように母娘による皇位の継承すら奈良時代にあったことにも思いを馳せなければならない（たしかに元明も元正も男系の「女性天皇」ではあるものの）。

そんな双系制の潮流の背後には、まさに継体のような（男系の）応神五世孫といった継承の仕方を単なる一般的な婿入りで片づけてしまい、そこの不自然さ、造作感を無化しかねない危うさはあるから、実は要注意の部分も感じるのだが、それはこの際棚上げしてでも、双系制の先行ぶりのことを念押ししておきたい。

本書に合わせてやや大胆な推論を示すなら、そんな双系的な日本の風土に、中国・朝鮮的な父系制が渡来したために、この応神五世孫のような男系トリックが行なわれた――すなわちそれこそが大陸・半島由来のヤマト王権だという証拠ではないか、とうがった見方もできることを言い添えておく。

「言霊の幸ふ国」の言語空間

男系支持派に共通するのは、「国柄」といった概念――ずいぶんまどろっこしい概念だ――に縛られすぎていることである。改めて考えてみたいのは、日本の「国柄」をあたかも自分の自己同一性《アイデンティティー》と同致するかのような心性《メンタリティー》とその意味である。それは「日本」という「国家」の「共同幻想」（吉本隆明）に自らが憑かれているにすぎないのだが、場合によっては当人にさえ意識化されず無意識のものなのかもしれない。吉本はじめ戦後の論客が自律的（自立的）に生きることをあれほど唱えたにもかかわらず、ここまで「国柄」という概念にしがみつくごく一部の知識人サイドの思考ぶりには正直、驚かざるをえない。

戦後の日本人一般が皇室というものを愛し、穏当な皇室観を育んできていることは各種アンケート結果などを見ればよくわかるので全般的には問題はなかろうと思うが、この男系支持者たちの視野の狭さには、同じく歴史を語る者としても注意しなければならないと改めて痛感させられる。これまた端的に言って、「国柄」という概念・言葉自体が「共同幻想」にすぎないものだ。日本の日本らしさは、合理性や人間主義《ヒューマニズム》（良心）を基準に（なんならそこに環境主義の観点も入れて）変数的に変容すればよい。なによりも敗戦国として日本の「この国のかたち」（司馬遼太郎）は劇的にうまく変わってきたではないか（それは概ね世界各国から称賛されてきたし、「奇蹟」とも称された）。

私は日本の農山村の景色や風土を世界一美しいと感じているし、日本を代表する中部山岳の多くも登ってきた。けれど、そうした郷土愛、山河への思いとこの国柄などという観念はまったく無関係である。

たとえば美しい過疎地にコンビニのネオンが光っている夜に日本的詩美がないなどとはもはやどんな自然派のアンチ商業主義者も右派も唯美家も言えまい。仮に不本意ではあれグローバル経済下の農村の一木一草にも「神」は宿り、日本の生業はゴーオンするというほうが日本らしさである。八百万《やおよろず》の神がいて「言霊の幸《さきわ》ふ国」（『万葉集』）が日本である。

歴史を遡行して眺めてみても、むしろ、国柄というようなものはアメーバ状でそもそも不定形な形姿をとることなど、当然のことではないか？　混沌から生まれたのがこの宇宙であり、世界であり、日本という国もまた「はじめに混沌ありき」と言わんばかりの「おのずから成る」生成的な神話を保持してきた。たとえば作家としての三島由紀夫は〝最高〟の日本人作家だろうが、晩年はあのように国家としての日本（国体）とその美意識へのこだわりをこじらせすぎて自爆せざるをえなかった。アレを文字どおりには受け取れないし、たとえば行為の無意味さや空虚さを知悉した上での、逆説的なまさにその意味でポストモダン的な生死なのだと解釈することも――たとえばニューアカデミズムが把握したように――できるけれども。こだわりすぎれば、つかみきれずこぼれる砂のように国のフィギュアは輪郭も霞んでしまう。

ジャーナリズムそして大メディアも、もう少し知的に鋭利に古代史を見て、男系支持派の見解にも毅然とスマートに応接してほしいと感じた一年余であった。

言霊の幸ふ国の言語空間は自由自在であり、決して窮屈であってはならないはずだ。自然科学においてすら、現在は『古事記』よろしく生命論的な生成の原理が支持されてきており、量子力学に至ってはカオスそのものである。従来からの固定的な世界観は覆らざるをえない状況に転換してきている。いたずらな「血統原理」に拘泥する時代ではもはやない。

「百舌鳥・古市古墳群」世界文化遺産のために採るべき理論的方法とは?

さて最後に、古代史をめぐるトピックについて現実的な提案を示したい。現在、本書でも詳述した（応神の陵墓たる）誉田山古墳を含む古市古墳群と、百舌鳥古墳群（大仙陵古墳含む）とを、ワンセットで世界文化遺産のリストとして挙げる運動が大阪で起こっていることは、多くの古代史ファンが知るところであろう。「世界文化遺産を大阪に」というコピーで「百舌鳥・古市古墳群」としてまとめて提示されている（そして、本書執筆中の２０１７年夏には、２０１９年の国内候補にまでなった)。

ただ結局のところ、応神天皇と誉田山古墳の等置も曖昧なままであり、仁徳天皇もそもそも不在説が根深い。だからこの運動推進者の皆さんに対して一つの提案がある。

それは、この誉田山古墳こそが、『宋書』に登場する倭の五王「武」の陵墓であるという説の可能性を現実的に検討し、その理論を大々的に提示するという切り口である。そうすれば、事はより大きな構えとなる。5世紀の「東アジア史」というもの全体が脚光を浴び、世界文化遺産の名前にふさわしくなる。「応神＝武」という必然性に結びつく。

かつ昆支こそが応神天皇であると踏みこんでアピールできるのであれば、なおさら登録への推進力となるだろう。

現状のような曖昧模糊たる比定ぶりのままでは、あたかも空位の陵墓があるだけであり、あの大阪平野に突出した巨大前方後円墳があっても被葬者が特定されていないというのでは世界文化遺産など夢のまた夢ではないのだろうか。時代も近い「高句麗前期の都城と古墳」(中国など)が対照的に世界遺産になっていることを想起したいところ。中心となる「将軍塚」(集安市／長寿王——好太王の長男——の陵墓)にしろまったくもってその由来が明瞭である。

国内事情をドメスティックにうんぬんかんぬんしているだけでは「世界」には届かないかもしれぬが、「東アジア史」としての大きな枠と新視点を持つことで文脈《コンテクスト》は変わりうる、というわけである。

いずれにせよ、天皇制や天皇陵の問題は世の古代史好きたちが取り上げるだけの対象ではなくて、アクチュアルで、今そこにある「日本の問題」であることが、この数年で改めて浮上してきたということだろう。歴史や古代史の世界も、そして現在の制度の世界も、現実的な未来志向で行きたいものである。すでに呪縛に打ち震えている時代ではないはずだ。

道なき道を踏み分け、先陣を切ってこの三〇年近くを走りつづけた石渡史学を、今後ともわれわれは「石渡派」として追走したいし、確たる「道」は石渡信一郎の労苦の賜物としてすでに敷かれてきた。今後は情報を「勘合」し、学術研究の世界との交差や共有を図りたいと願っている次第である。そしてまた、本書で巨大な石渡史学に興味を持った方には、原テクストとしての石渡信一郎の数々の著作にふれて、そのダイナミズムを味到してもらいたいと切に願っている。

最後に、本書刊行にあたっては、WAVE出版編集部の皆様のお力添えとアイディアをいただいた。出版業界の末席に身を置いてきた私にとって、最初の単著ということもあり、喜び以上に奇しき縁を感じた日々だった。人生にはアクシデントがつきものであるが、偶然《アクシデンタル》＝事故的なものとの遭遇や共振にこそ生の深淵や味わいはあるのかもしれないと、いい年をして思った次第である。深く感謝申し上げます。

【主要参考文献】

『百済から渡来した応神天皇』（『応神陵の被葬者はだれか』の増補新版）石渡信一郎　三一書房
『蘇我馬子は天皇だった』石渡信一郎　三一書房
『完本　聖徳太子はいなかった』石渡信一郎　河出文庫
『日本書紀の秘密』石渡信一郎　三一書房
『（新訂）倭の五王の秘密』石渡信一郎　信和書房
『蘇我氏の実像』石渡信一郎　信和書房
『日本神話と史実（上・下）』石渡信一郎　信和書房
『新訂　邪馬台国の都　吉野ヶ里遺跡』石渡信一郎　信和書房
『日本人の正体』林順治　三五館
『応神＝ヤマトタケルは朝鮮人だった』林順治　河出書房新社
『仁徳陵の被葬者は継体天皇だ』林順治　河出書房新社
『馬子の墓』林順治　彩流社
『隅田八幡鏡』林順治　彩流社
『アマテラス誕生』林順治　彩流社
『古代七つの金石文』林順治　彩流社
『王権誕生』（「日本の歴史」02）寺沢薫　講談社
『大王から天皇へ』（「日本の歴史」03）熊谷公男　講談社
『私の日本古代史（上・下）』上田正昭　新潮社
『巨大古墳の世紀』森浩一　岩波新書
『古代朝鮮』井上秀雄　講談社学術文庫

『アマテラスの誕生』溝口睦子　岩波新書
『古事記の構造』神田秀夫　明治書院
『古代倭王の正体』　小林惠子　祥伝社新書
『日本社会の歴史（上）』　網野善彦　岩波新書
『日本の歴史をよみなおす（全）』　網野善彦　ちくま学術文庫
『天孫降臨の夢』大山誠一　NHKブックス
『倭国のなりたち』（日本古代の歴史1）木下正史　吉川弘文館
『倭の五王』（日本史リブレット）森公章　山川出版社
『白鳥伝説』谷川健一　集英社
『日本と朝鮮半島の交渉史』西谷正　同成社
『古代史の迷路を歩く』黒岩重吾　中公文庫
『飛鳥』（読みなおす日本史）門脇禎二　吉川弘文館（復刊）
『日本民族の起源』金関丈夫　法政大学出版局
『街道をゆく（2）』（韓のくに紀行）司馬遼太郎　朝日文庫
『地形からみた歴史　古代景観を復原する』日下雅義　講談社学術文庫
『騎馬民族国家』江上波夫　中公新書
『日本国家の起源』井上光貞　岩波新書
『ヤマト王権』吉村武彦　岩波新書
『岩波講座　日本歴史　第1巻　原始・古代1』岩波書店
『古墳時代の日朝関係』高田貫太　吉川弘文館
『日本古代の国家形成』水野祐　講談社現代新書
『（増補）日本人の起源』　埴原和郎編　朝日選書

『継体天皇と朝鮮半島の謎』水谷千秋　文春新書
『東アジア民族史』正史東夷伝　平凡社
『三国史記』平凡社
「楽浪海中の民族・倭人とは何か」上原和／「日本民族の起源」江上波夫＋大林太良（『論集　日本民族の起源』大和書房）
「古代王権の歴史改作のシステム」（「東アジアの古代文化」42号）井原教弼　大和書房
「『古韓尺』で作られた纏向大型建物群」（「季刊 邪馬台国」104号）新井宏　梓書院
「古墳出土龍文透彫製品の分類と編年」高田貫太　（「歴史民俗博物館研究報告」第178集）
「雄略天皇は『英雄王』か」塚口義信
サイト「松岡正剛の千夜千冊」一四九一夜『古代の日本と加耶』

仲島 岳　なかじま・がく

1968年長野市生まれ。上智大学文学部新聞学科卒。歴史作家＆編集者。
出版社時代は、百五十冊ほどの単行本を担当。ライターとしては、『アジア映画小事典』佐藤忠男編著（三一書房刊）に参加など共著多数。講談社「群像」新人賞最終候補（評論部門「三島由紀夫のトピカ」）。論文に「吉本隆明のいない『共同幻想論』」。石渡信一郎史学の関係では『日本人の正体』林順治著（三五館刊）の編集協力などがある。

装丁　伊勢功治
校正　鷗来堂
写真提供　ピクスタ

古代天皇家と『日本書紀』1300年の秘密
応神天皇と「日十大王」の隠された正体

2017年11月15日　第1版第1刷発行

著者　仲島 岳

発行者　玉越直人

発行所　WAVE出版
〒102-0074
東京都千代田区九段南3-9-12
TEL: 03-3261-3713
TEL: 03-3261-3823
振替：00100-7-366376
E-mail: info@wave-publishers.co.jp
http://www.wave-publishers.co.jp/

印刷・製本　株式会社ウイル・コーポレーション

C210　255p　19cm
N978-4-86621-090-2